Märchen aus dem Teutoburger Wald

Märchen
aus dem
Teutoburger Wald
und seiner Umgebung

Gesammelt von
Karl Wehrhan

Zeichnungen von
Otto Ubbelohde

Vogtmeier Verlag

Herausgegeben und mit einem Vorwort
von Michael Vogtmeier
in Verbindung mit dem Lippischen Heimatbund

> **Bibliografische Information der Deutschen Nationalbibliothek**
>
> Die Deutsche Nationalbibliothek verzeichnet diese Publikation in der Deutschen Nationalbibliografie; detaillierte bibliografische Daten sind im Internet über http://dnb.d-nb.de abrufbar.

Vogtmeier Verlag, Leinestr. 30, 37124 Rosdorf bei Göttingen

2., erweiterte und gänzlich neu gestaltete Auflage.

Die erste Auflage dieses Titels erschien in einer deutlich kürzeren Fassung unter dem Titel »Alte und neue Märchen aus dem Teutoburger Walde und seiner Umgebung« als Heft 3 der »Heimatbücher für Schule und Haus« 1923 im Verlag Meyersche Hofbuchhandlung (Max Staerche), Detmold

© Vogtmeier Verlag, Rosdorf bei Göttingen 2010
www.vogtmeier-verlag.de

Satz: Beate Hautsch, Göttingen
Druck und Bindung: W. Fr. Kaestner GmbH & Co.KG, Rosdorf bei Göttingen
Gedruckt auf chlorfrei gebleichtem Papier
Printed in Germany

ISBN: 978-3-938554-18-0

Inhaltsverzeichnis

Vorwort

Märchen lassen sich im Gegensatz zu Sagen im Grunde nicht genau lokalisieren. Während sich Sagen oft auf historische Ereignisse und berühmte Persönlichkeiten beziehen und genaue Ortsangaben geben, entführen Märchen den Leser meist in eine Traumwelt, die mit der Wirklichkeit nur mittelbar verbunden ist. »Es war einmal ...«, so beginnen viele Märchen, und man könnte ergänzen: »irgendwann, irgendwo.«

Trotz dieser regionalen Unbestimmtheit der Märchenwelt hat Karl Wehrhan es im Jahre 1923 unternommen, im Rahmen einer kleinen Reihe von Heimatbüchern einen Märchenband unter dem Titel »Alte und neue Märchen aus dem Teutoburger Walde und seiner Umgebung« zusammen zu stellen.

Bei den sogenannten »alten« Märchen griff Wehrhan auf zehn Volksmärchen aus der Anfang des 19. Jahrhunderts erstmals erschienenen berühmten Sammlung der »Kinder- und Hausmärchen« der Gebrüder Grimm zurück, die nachweislich aus Lippe und dem Paderborner Land überliefert wurden.

Die Märchen der Gebrüder Grimm ergänzte er durch sechs Kunstmärchen aus der Feder lippischer und westfälischer Autoren. In beiden Fällen ist die Angabe »aus dem Teutoburger Walde« also eine Herkunftsbezeichnung und keine Definition des Ortes der Handlung (auch wenn sich entgegen dem einleitend Gesagten ausnahmsweise sowohl in den Grimmschen Märchen – z. B. Köter Berg – als auch in den Kunstmärchen – z. B. Donoper Teich – einige wenige Ortsangaben finden).

Dieser Ansatz wurde in der vorliegenden erweiterten

7

Neuauflage wieder aufgenommen. In dieser Ausgabe finden sich neben den Texten aus der Erstauflage fünf weitere Märchen, die den Brüdern Grimm aus dem Paderborner Land überliefert wurden. Die »neuen« Märchen wurden um zwei märchenhafte Geschichten aus der Feder Karl Wehrhans und ein Kunstmärchen von Luise Koppen ergänzt.

Die Illustrierung der Märchen mit Zeichnungen von Otto Ubbelohde folgt bezüglich der Grimmschen Märchen exakt der Ausgabe von 1922. Zusätzlich wurden auch für die Bebilderung der Kunstmärchen geeignet erscheinende Zeichnungen von Otto Ubbelohde verwendet. Die Rechtschreibung folgt weitgehend den alten Ausgaben. Lediglich eindeutige Satzfehler wurden korrigiert.

Da aus heutiger Sicht auch die damals »neuen« Märchen »alt« sind, wurde der Titel der Neuauflage entsprechend angepasst.

Ich wünsche allen Lesern viel Freude beim (Wieder-) Entdecken der »alten« und »neuen« Märchen.

Detmold, im Oktober 2010
Michael Vogtmeier

Das Lämmchen und das Fischchen

Es war einmal ein Brüderchen und Schwesterchen, die hatten sich herzlich lieb. Ihre rechte Mutter aber war tot, und sie hatten eine Stiefmutter, die war ihnen nicht gut und tat ihnen heimlich alles Leid an.

Es trug sich zu, daß die zwei mit anderen Kindern auf einer Wiese vor dem Hause spielten, und an der Wiese war ein Teich, der ging bis an die eine Seite vom Haus. Die Kinder liefen da herum, kriegten sich und spielten Abzählen:

>»Eneke, Beneke, lat mi liewen,
>Will di ock min Vügelken giewen.
>Vügelken sall mi Strau söken,
>Strau will ick den Köseken giewen,
>Köseken sall mi Melk giewen,
>Melk will ick den Bäcker giewen,
>Bäcker sall mi 'n Kocken backen
>Kocken will ick den Kätken giewen,
>Kätken sall mi Müse fangen,
>Müse will ick in' Rauk hangen
>Un will se anschnien.«

Dabei standen sie in einem Kreis, und auf welchen nun das Wort »anschnien« fiel, der mußte fortlaufen, und die anderen liefen ihm nach und fingen ihn.

Wie sie so fröhlich dahinsprangen, sah's die Stiefmutter vom Fenster mit an und ärgerte sich. Weil sie aber Hexenkünste verstand, so verwünschte sie beide, das Brüderchen in einen Fisch, und das Schwesterchen in ein Lamm. Da schwamm das Fischchen im Teich hin und her und war traurig, das Lämmchen ging auf der Wiese hin und her und war traurig und fraß nicht und rührte kein Hälmchen an. So ging eine lange Zeit hin. Da kamen fremde Gäste auf das Schloß. Die falsche Stiefmutter dachte: »Jetzt ist die Gelegenheit gut,« rief den Koch und sprach zu ihm: »Gehe und hol das Lamm von der Wiese und schlacht's, wir haben sonst nichts für die Gäste!«

Da ging der Koch hin und holte das Lämmchen und führte es in die Küche und band ihm die Füßchen; das litt es alles geduldig.

Wie er nun sein Messer herausgezogen hatte und auf der Schwelle wetzte, um es abzustechen, sah es, wie ein Fischlein in dem Wasser vor dem Gossenstein hin- und herschwamm und zu ihm hinaufblickte. Das war aber das Brüderchen; denn als das Fischchen gesehen hatte, wie der Koch das Lämmchen fortführte, war es im Teich mitgeschwommen bis zum Hause. Da rief das Lämmchen hinab:

»Ach, Brüderchen im tiefen See,
Wie tut mir doch mein Herz so weh!
Der Koch, der wetzt das Messer,
Will mir mein Herz durchstechen!«

Das Fischchen antwortete:

> »Ach, Schwesterchen in der Höh,
> Wie tut mir doch mein Herz so weh
> In diesem tiefen See!«

Wie der Koch hörte, daß das Lämmchen sprechen konnte und so traurige Worte zu dem Fischchen hinabrief, erschrak er und dachte, es müßte kein natürliches Lämmchen sein, sondern wäre von der bösen Frau im Haus verwünscht. Da sprach er: »Sei ruhig, ich will dich nicht schlachten!« nahm ein anderes Tier und bereitete das für die Gäste, und brachte das Lämmchen zu einer guten Bäuerin, der erzählte er alles, was er gesehen und gehört hatte.

Die Bäuerin war aber gerade die Amme von dem Schwesterchen gewesen, vermutete gleich, wer's sein würde, und ging mit ihm zu einer weisen Frau. Da sprach die weise Frau einen Segen über das Lämmchen und Fischchen, wovon sie ihre menschliche Gestalt wiederbekamen, und danach führte sie beide in einen großen Wald in ein kleines Häuschen, wo sie einsam, aber zufrieden und glücklich lebten.

De drei Vügelkens

Et is wul dusent un meere Jaare hen, da wören hier im Lanne luter kleine Könige; da hed auck einer up den Keuterberge (Köterberg) wünt, de gink sau geren up de Jagd. Ase nu mal mit sinen Jägern vom Schlotte herruttrok, höen unner den Berge drei Mäkens ire Köge, un wie sei den Künig mit den vielen Lüen seien, so reip de ölleste den annern beden Mäkens to, un weis up den Künig:

»Helo, helo! Wenn ick den nig kriege, so will ik keinen!«
Da antworde de tweide up de annere Side vom Berge, un
weis up den, de dem Künige rechter Hand gink: »Helo,
helo! Wenn ik den nig kriege, so will ik keinen!« – Da
reip de jüngeste, un weis up den, de linker Hand gink:
»Helo, helo! Wenn ik den nig kriege, so will ik keinen!«
Dat wören awerst de beden Ministers. Dat hörde de Künig alles, un ase von der Jagd heimekummen was, leit he
de drei Mäkens to sik kummen und fragete se, wat se da
gistern am Berge segd hadden. Dat wullen sei nig seggen;
de Künig frog awerst de ölleste, ob se ün wol tom Manne
hewen wulle? Da segde se ja, un ere beiden Süstern frig-
geten de beiden Ministers, denn se wören alle drei scheun
un schier von Angesicht, besunners de Künigin, de hadde
Hare ose Flaß.

De beiden Süstern awerst kriegen keine Kinner, un ase
de Künig mal verreisen moste, lei he se tor Künigin kummen, um se uptomunnern, denn se was grae swanger. Se
kreg en kleinen Jungen, de hadde 'n ritsch roen Stern mit
up de Weld brocht. Da sehden de beiden Süstern, eine
tor annern, se wullen den hübsken Jungen int Water wer-
pen. Wie se'n darin worpen hadden – ick glöwe, et is de
Weser west – da flügt 'n Vügelken in de Högte, dat sank:

»Tom Daude bereit,
Up wietern Bescheid
Tom Lilienstrus.
Wacker Junge, bist du's?«

Da dat de beiden hörten, kregen se de Angst up'n Lieve,
un makten, dat se fort keimen. Wie de Künig na Hus
kam, sehden se to üm, de Künigin hedde 'n Hund kregen. Da segde de Künig: »Wat Gott deiet, dat is wole
dahn!«

Et wunde awerst 'n Fisker an den Water, de fiskede den kleinen Jungen wier herut, ase noch ewen lebennig was, un da sine Fru kene Kinner hadde, foerden s'en up. Na'n Jaar was de Künig wier verreist, da krig de Künigin wier 'n Jungen, den namen de beiden falsken Süstern un warpen 'n auck int Water. Da flügt dat Vügelken wier in de Högte un sank:

> »Tom Daude bereit,
> Up wietern Bescheid
> Tom Lilienstrus.
> Wacker Junge, bist du's?«

Un wie de Künig terügge kam, sehden se to üm, de Künigin hedde wier 'n Hund bekummen, un de segde wier: »Wat Gott deit, dat is wole dahn!« Awerst de Fisker trok düsen auck ut den Water un foerd 'n up. –

Da verreisede de Künig wier, un de Künigin kreg 'n klein Mäken, dat warpen de falsken Süstern auck int Water. Da flügt dat Vügelken wier in de Högte und sank:

> »Tom Daude bereit,
> Up wietern Bescheid
> Tom Lilienstrus.
> Wacker Mäken, bist du's?«

Un wie de Künig na Hus kam, sehden se to üm, de Künigin hedde 'ne Katte kregt. Da worde de Künig beuse un leit sine Fru int Gefängnis smieten, da hed se lange Jaare insetten.

De Kinner wören unnerdes anewassen. Da gink de ölleste mal mit annern Jungens herut to fisken; da wüllt ün de annern Jungens nig twisken sik hewen un segget: »Du Fündling, gaa diner Wege!« Da ward he ganz bedröwet un fräggt den olen Fisker, ob dat war wöre? De vertellt ün, dat he mal fisket hedde, un hedde ün ut den Water togen. Da segd he, he wulle furt un sinen Teiten söken. De Fisker, de biddet 'n, he mögde doch bliven, awerst he let sik gar nich hallen, bis de Fisker et tolest togivt.

Da givt he sik up den Weg un geit meere Dage hinnernanner, endlich kümmt he vor 'n graut allmächtig Water, davor steit 'n ole Fru un fiskede. »Goden Dag, Moer!« sehde de Junge.

»Groten Dank!«

»Du süst da wol lange fisken, e du 'n Fisk fängest!«

»Un du wol lange söken, e du dinen Teiten findst! Wie wust du der denn övert Water kummen?« sehde de Fru.

»Ja, dat mag Gott witten!«

Da nümmt de ole Fru ün up den Rüggen un dragt 'n derdörch, un he söcht lange Tid un kann sinen Teiten nig finnen. Ase nu wol'n Jaar veröwer is, da trekt de tweide auck ut un will sinen Broer söken. He kümmt an dat Water, un da geit et ün ewenso, ase sinen Broern. Nu was nur noch de Dochter allein to Hus, de jammerde so viel na eren Broern, dat se upt lest auck den Fisker bad, he mögde se treken laten, se wulle ere Broerkes söken.

Da kam se auck bie den grauten Water, da sehde se tor olen Fru: »Guden Dag, Moer«

»Groten Dank!«

»Gott helpe ju bi juen Fisken!«

Asse de ole Fru dat hörde, ta word se ganz fründlich un drog se öwert Water un gaf er 'n Roe, un sehde to er: »Nun gah man jümmer up düsen Wege to, mine Dochter, un wenn du bie einen groten swarten Hund vorbeikümmst, so must du still un drist un one to lachen un one ün antokiken, vorbiegaan. Dann kümmest du an 'n grot open Schlott. Up'n Süll most du de Roe fallen laten un stracks dorch dat Schlott an den annern Side wier herutgahen; da is 'n olen Brunnen, darut is 'n groten Boom wassen, daran hänget 'n Vugel im Buer, den nümm af. Dann nümm noch 'n Glas Water ut den Brunnen un gaa mit düsen beiden den sülvigen Weg wier torügge; up den Süll nümm de Roe auck wier mit, un wenn du dann wier bie den Hund vorbiekummst, so schlah ün int Gesicht, awerst sü to, dat du en dreppest, un dann kumm nur wier to mi torügge!«

Da fand se et grade so, ase de Fru et sagt hadde, un up den Rückwege, da fand se de beiden Broer, de sik de halve Welt durchsöcht hadden. Se ging tosammen, bis wo de swarte Hund an den Weg lag, den schlog se int Gesicht, da word et 'n schönen Prinz, de geit mit ünnen, bis an dat Water. Da stand da noch de ole Fru, de frögede sik seer, da se alle wier da wören, un drog se alle övert Water, un dann gink se auck weg, denn se was nu erlöst. De annern awerst gingen alle na den olen Fisker, un alle wören froh, dat se sik wier funnen hadden, den Vugel awerst hüngen se an der Wand.

De tweide Suhn kunne awerst nig to Huse rasten un nam 'n Flitzebogen un gink up de Jagd. Wie he möe was, nam

16

he sine Flötenpipen und mackte 'n Stücksken. De Künig
awerst wör auck up de Jagd un hörde dat; da gink he hin,
un wie he den Jungen drap, do sehde he:
»Wo hett di verlöwt, hier to jagen?«
»O, neimes!«
»Wen hörst du dann to?«
»Ik bin den Fisker sin Suhn!«
»De hett ja keine Kinner!«
»Wenn du't nig glöwen wust, so kum mit!«
Dat dehde de Künig un frog den Fisker. De vertälle ün
alles, un dat Vügelken an der Wand fing an to singen:

>»De Möhme sitt allein
>Woll in dat Kerkerlein.
>O Künig, edeles Blod,
>Dat sind deine Kinner god.
>De falsken Süstern beide
>De dehen de Kinnerkes Leide
>Wol in des Waters Grund,
>Wo se de Fisker fund!«

Da erschraken se alle, un de Künig nam den Vugel, den
Fisker und de drei Kinner mit sik na den Schlotte un leit
dat Gefänknis upschluten un nam sine Fru wier herut; da
was awerst gans kränklich un elennig woren. Da gav er de
Dochter von den Water ut den Brunnen to drinken, da
war se frisk un gesund. De beiden falsken Süstern wören
awerst verbrennt, un de Dochter friggede den Prinzen.

Die drei Spinnerinnen

Es war ein Mädchen faul und wollte nicht spinnen, und die Mutter mochte sagen, was sie wollte, sie konnte es nicht dazu bringen. Endlich überkam die Mutter einmal Zorn und Ungeduld, daß sie ihm Schläge gab, worüber es laut zu weinen anfing. Nun fuhr gerade die Königin vorbei, und als sie das Weinen hörte, ließ sie anhalten, trat in das Haus und fragte die Mutter, warum sie ihre Tochter schlüge, daß man draußen auf der Straße das Schreien hörte. Da schämte sich die Frau, daß sie die Faulheit ihrer Tochter offenbaren sollte und sprach: »Ich kann sie nicht vom Spinnen abbringen, sie will immer und ewig spinnen, und ich bin arm und kann den Flachs nicht herbeischaffen.«

Da antwortete die Königin: »Ich höre nichts lieber als spinnen, und bin nicht vergnügter, als wenn die Räder schnurren. Gebt mir eure Tochter mit ins Schloß, ich habe Flachs genug, da soll sie spinnen, so viel sie Lust hat.« Die Mutter war's von Herzen gerne zufrieden, und die Königin nahm das Mädchen mit.

Als sie in das Schloß gekommen waren, führte sie es hinauf zu drei Kammern, die lagen von unten bis oben voll vom schönsten Flachs. »Nun spinn mir diesen Flachs,« sprach sie, »und wenn du es fertig bringst, so sollst du meinen ältesten Sohn zum Gemahl haben; bist du gleich arm, so acht ich nicht darauf, dein unverdroßner Fleiß ist Ausstattung genug.«

Das Mädchen erschrak innerlich, denn es konnte den Flachs nicht spinnen, und wär's dreihundert Jahr alt geworden und hätte jeden Tag vom Morgen bis zum Abend dabei gesessen. Als es nun allein war, fing es an zu weinen und saß so drei Tage, ohne die Hand zu rühren.

Am dritten Tage kam die Königin, und als sie sah, daß noch nichts gesponnen war, verwunderte sie sich, aber das Mädchen entschuldigte sich damit, daß es vor großer Betrübnis über die Entfernung aus seiner Mutter Hause noch nicht hätte anfangen können. Das ließ sich die Königin gefallen, sagte aber beim Weggehen: »Morgen mußt du mir anfangen zu arbeiten!«

Als das Mädchen wieder allein war, wußte es sich nicht mehr zu raten und zu helfen und trat in seiner Betrübnis vor das Fenster. Da sah es drei Weiber herkommen, davon hatte die erste einen breiten Platschfuß, die zweite hatte eine so große Unterlippe, daß sie über das Kinn herunterhing, und die dritte hatte einen breiten Daumen. Sie blieben vor dem Fenster stehen, schauten hinauf und fragten das Mädchen, was ihm fehlte. Es klagte ihnen seine Not. Da trugen sie ihm ihre Hilfe an und sprachen: »Willst du uns zur Hochzeit einladen, dich unser nicht schämen und uns deine Basen heißen, auch an deinen Tisch setzen, so wollen wir dir den Flachs wegspinnen und das in kurzer Zeit.« –

»Von Herzen gern,« antwortete es, »kommt nur herein und fangt gleich die Arbeit an.«

Da ließ es die drei seltsamen Weiber herein und machte in der ersten Kammer eine Lücke, wo sie sich hinsetzen und ihr Spinnen anhuben. Die eine zog den Faden und trat das Rad, die andere netzte den Faden, die dritte drehte ihn und schlug mit dem Finger auf den Tisch, und so oft sie schlug, fiel eine Zahl Garn zur Erde, und das war aufs feinste gesponnen. Vor der Königin verbarg sie die drei Spinnerinnen und zeigte ihr, so oft sie kam, die Menge des gesponnenen Garns, daß diese des Lobes kein Ende fand. Als die erste Kammer leer war, ging's an die zweite, endlich an die dritte, und die war auch bald aufgeräumt. Nun nahmen die drei Weiber Abschied und sagten zum Mädchen: »Vergiß nicht, was du uns versprochen hast, es wird dein Glück sein!«

Als das Mädchen der Königin die leeren Kammern und den großen Haufen Garn zeigte, richtete sie die Hochzeit aus, und der Bräutigam freute sich, daß er eine so geschickte und fleißige Frau bekäme, und lobte sie gewaltig.

»Ich habe drei Basen,« sprach das Mädchen, »und da sie mir viel Gutes getan haben, so wollte ich sie nicht gern in meinem Glück vergessen. Erlaubt doch, daß ich sie zu der Hochzeit einlade und daß sie mit an dem Tisch sitzen!«

Die Königin und der Bräutigam sprachen: »Warum sollten wir das nicht erlauben?«

Als nun das Fest anhub, traten die drei Jungfern in wunderlicher Tracht herein, und die Braut sprach: »Seid mir willkommen, liebe Basen.« –

»Ach«, sagte der Bräutigam, »wie kommst du zu der garstigen Freundschaft?«

Darauf ging er zu der einen mit dem breiten Platschfuß und fragte: »Wovon habt ihr einen solchen breiten Fuß?«

»Vom Treten,« antwortete sie, »vom Treten!«

Da ging der Bräutigam zur zweiten und sprach: »Wovon habt ihr nur die herunterhängende Lippe?«

»Vom Lecken,« antwortete sie, »vom Lecken!«

Da fragte er die dritte: »Wovon habt ihr den breiten Daumen?«

»Vom Faden drehen,« antwortete sie, »vom Faden drehen!«

Da erschrak der Königssohn und sprach: »So soll mir nun und nimmermehr meine schöne Braut ein Spinnrad anrühren!«

Damit war sie das böse Flachsspinnen los.

Das Lumpengesindel

Hähnchen sprach zum Hühnchen: »Jetzt ist die Zeit, wo die Nüsse reif werden, da wollen wir zusammen auf den Berg gehen und uns einmal recht satt essen, ehe sie das Eichhorn alle wegholt!«

»Ja,« antwortete das Hühnchen, »komm, wir wollen uns eine Lust miteinander machen.«

Da gingen sie zusammen fort auf den Berg, und weil es ein heller Tag war, blieben sie bis zum Abend. Nun weiß ich nicht, ob sie sich so dick gegessen hatten, oder ob sie übermütig geworden waren, kurz, sie wollten nicht zu Fuß nach Hause gehen, und das Hähnchen mußte einen kleinen Wagen von Nußschalen bauen. Als er fertig war, setzte sich Hühnchen hinein und sagte zum Hähnchen: »Du kannst dich nur immer vorspannen!«

»Du kommst mir recht,« sagte das Hähnchen, »lieber geh ich zu Fuß nach Hause, als daß ich mich vorspannen lasse. Nein, so haben wir nicht gewettet. Kutscher will ich wohl sein und auf dem Bock sitzen, aber selbst ziehen, das tu ich nicht!«

Wie sie so stritten, schnatterte eine Ente daher: »Ihr Diebsvolk, wer hat euch geheißen, in meinen Nußberg gehen? Wartet, das soll euch schlecht bekommen!« Ging also mit aufgesperrtem Schnabel auf das Hähnchen los. Aber Hähnchen war auch nicht faul und stieg der Ente tüchtig zu Leibe. Endlich hackte es mit seinen Sporen so gewaltig auf sie los, daß sie um Gnade bat und sich gern zur Strafe vor den Wagen spannen ließ.

Hähnchen setzte sich nun auf den Bock und war Kutscher, und darauf ging es fort in einem Jagen: »Ente, lauf zu, was du kannst!«

Als sie ein Stück Weges gefahren waren, begegneten sie zwei Fußgängern, einer Stecknadel und einer Nähnadel. Sie riefen: »Halt! halt!« und sagten, es würde gleich stichdunkel werden, da könnten sie keinen Schritt weiter, auch wäre es so schmutzig auf der Straße, ob sie nicht ein wenig einsitzen könnten. Sie wären auf der Schneiderherberge vor dem Tor gewesen und hätten sich beim Bier verspätet.

Hähnchen, da es magere Leute waren, die nicht viel Platz einnahmen, ließ sie beide einsteigen, doch mußten sie versprechen, ihm und seinem Hühnchen nicht auf die Füße zu treten.

Spät abends kamen sie zu einem Wirtshaus, und weil sie die Nacht nicht weiterfahren wollten, die Ente auch nicht gut zu Fuß war und von einer Seite auf die andere fiel, so kehrten sie ein. Der Wirt machte anfangs viel Einwendungen, sein Haus wäre schon voll, gedachte auch wohl, es möchte keine vornehme Herrschaft sein. Endlich aber, da sie süße Reden führten, er sollte das Ei haben, das das Hähnchen unterwegs gelegt hatte, auch die Ente behalten, die alle Tage eins legte, so sagte er endlich, sie möchten die Nacht über bleiben. Nun ließen sie wieder frisch auftragen und lebten in Saus und Braus.

Früh morgens, als es dämmerte und noch alles schlief, weckte Hähnchen das Hühnchen, holte das Ei, pickte es auf, und sie verzehrten es zusammen; die Schalen aber warfen sie auf den Feuerherd. Dann gingen sie zu der Nähnadel, die noch schlief, packten sie beim Kopf und steckten sie in das Sesselkissen des Wirts, die Stecknadel aber in sein Handtuch. Endlich flogen sie, mir nichts dir nichts, über die Heide davon.

Die Ente, die gern unter freiem Himmel schlief und im Hof geblieben war, hört sie fortschnurren, machte sich munter und fand einen Bach, auf dem sie hinabschwamm; und das ging geschwinder als vor dem Wagen. Ein paar Stunden später machte sich erst der Wirt aus den Federn, wusch sich und wollte sich am Handtuch abtrocknen. Da fuhr ihm die Stecknadel über das Gesicht und machte ihm einen roten Strich von einem Ohr zum andern. Dann ging er in die Küche und wollte sich eine Pfeife anstecken. Wie er aber an den Herd kam, sprangen ihm die Eierschalen in die Augen.

»Heute morgen will mir alles an meinen Kopf,« sagte
er, und ließ sich verdrießlich
auf seinen Großvaterstuhl
nieder; aber geschwind fuhr
er wieder in die Höhe und
schrie: »Auweh!«, denn die
Nähnadel hatte ihn noch
schlimmer und nicht in den
Kopf gestochen. Nun war er
vollends böse und hatte Ver-
dacht auf die Gäste, die so
spät gestern abend gekom-
men waren. Und wie er ging

und sich nach ihnen umsah, waren sie fort. Da tat er einen Schwur, kein Lumpengesindel mehr in sein Haus zu nehmen, das viel verzehrt, nichts bezahlt und zum Dank noch obendrein Schabernack treibt.

Dat Erdmänneken

Et was mal en rik Künig west, de hadde drei Döchter had, de wören alle Dage in den Schlottgoren spazeren gaen. Un de Künig, dat was so en Leivhawer von allerhand wackeren Bömen west; un einen, den hadde he so leiv had, dat he denjenigen, de ümme en Appel dervon plückede, hunnerd Klafter unner de Eere verwünschede.

As et nu Hervest war, da worden de Appel an den einen Baume so raut ase Blaud.

De drei Döchter gungen alle Dage unner den Baum un seihen to, ov nig de Wind 'n Appel herunner schlagen hädde, awerst se fannen ir Levedage kienen, un de Baum de satt so vull, dat he breken wull, un de Telgen hungen bis up de Eere.

Dat gelustede den jungesten Künigskinne gewaldig un et segde to sinen Süstern: »Use Teite, de hett us viel to leiv, ase dat he us verwünschen deihe. Ik glöve, dat he dat nur wegen de frümden Lude dahen hat.« Un indes plücked dat Kind en gans dicken Appel af und sprunk für sinen Süstern un segde: »Ah, nu schmecket mal, mine lewen Süsters, nu hew ik doch min Levedage so wat Schönes no nig schmecket!« Da beeten de beiden annern Künigsdöchter auch mal in den Appel, un da versünken se alle drei deip unner de Eere, dat kien Haan mer danach krähete.

As et da Middag is, da wull se de Künig do Diske roopen, do sind se nirgends to finnen. He söket se so viel im Schlott un in Goren, awerst he kun se nig finnen. Da werd he so bedröwet un let dat ganse Land upbeien, un wer ünne sine Döchter wier brechte, de sull ene davon tor Fruen hewen. Da gahet so viele junge Lude uwer Feld un söket, dat is gans ut der Wiese (über alle Maßen); denn jeder hadde de drei Kinner geren had, wiil se wören gegen jedermann so fründlig un so schön von Angesichte west. Un et togen auck drei Jägerburschen ut, un ase de wol en acht Dage rieset hadden, da kummet se up en grot Schlott, da woren so hübsche Stoben inne west, un in einen Zimmer is en Disch decket, darup wören so söte Spisen, de sind noch so warm, dat se dampet; awerst in den ganzen Schlott is kien Minsk to hören noch to seihen. Do wartet se noch en halwen Dag, un de Spisen bliewet immer warme un dampet, bis up et lest, da weret se so hungerig, dat se sik derbie settet un ettet, un macket mitenanner ut, se wüllen up den Schlotte wuhnen bliewen, un wüllen darümme loosen, dat eine in Huse blev un de beiden annern de Döchter söketen; dat doet se auck, un dat Los dreppet den ölesten.

Den annern Dag, da gaet de twei jüngesten söken, un de öleste mot to Huse bliewen. Am Middage kümmt der so en klein, klein Männeken un hölt um 'n Stückesken Braud anne. Da nümmt he von dem Braude, wat he da funnen hädde, un schnitt en Stücke rund umme den Braud weg und will ünne dat giewen. Indes dat he et ünne reiket, lett et dat kleine Männneken fallen un segd, he sulle doch so gut sin und giewen ün dat Stücke wier. Da will he dat auck doen un bucket sik, mit des nümmt dat Männeken en Stock un päckt ünne bie den Haaren un giwt ünne düete Schläge.

Den anneren Dag, da is de tweide to Hus bliewen, den geit et nicks better.

Ase de beiden annern da den Awend nah Hus kümmet, da segt de öleste: »No, wie hätt et die dan gaen?«

»O, et geit mie gans schlechte!«

Da klaget se sik enanner ere Naud; awerst den jungesten hadden se nicks davonne sagd, den hadden se gar nig lien mogt un hadden ünne jümmer den dummen Hans heiten, weil he nig recht van de Weld was.

Den dritten Dag, da blivt de jungeste to Hus. Da kümmet dat kleine Männeken wier un hölt um en Stücksken Braud an. Da he ünne dat giewen hätt, let he et wier fallen un segt, he mügte doch so gut sien un reicken ünne dat Stücksken wier. Da segd he to den kleinen Männeken: »Wat! Kannst du dat Stücke nig sulwens wier upnümmen? Wenn du die de Möhe nig mal um dine dägliche Nahrunge giewen wust, so bist du auck nich wert, dat du et etest!«

Da word dat Männeken so bös un segde, he möst et doen. He awerst nig fuhl, nam min lewe Männeken un drosch et düet dör.

Da schriege dat Männeken so viel un rep: »Hör up, hör

up, un lat mie geweren, dann will ik die auck seggen, wo de Künigsdöchter sied!« Wie he dat hörde, häll hei up to slaen, un dat Männeken vertelde, he wör en Erdmänneken, un sulke wären mehr ase dusend; he mögte man mit ünne gaen, dann wulle he ünne wiesen, wo de Künigsdöchter weren.

Da wiest he ünne en deipen Born, da is awerst kien Water inne west. Da segt dat Männeken, he wuste wohl, dat et sine Gesellen nig ehrlich mit ünne meinten; wenn he de Künigskinner erlösen wulle, dann möste he et alleine doen. De beiden annern Broer wullen wohl auck geren de Künigsdöchter wier hewen, awerst se wullen der kiene Möge un Gefahr ümme doen. He möste so en grauten Korv nümmen, un möste sik mit sinen Hirschfänger un en Schelle darinne setten un sik herunterwinnen laten. Unnen da wören drei Zimmer, in jeden sette ein Künigskind un hädde en Drachen mit villen Köppen to lusen; den möste he de Köppe afschlagen.

Ase dat Erdmänneken nu dat alle sagd hadde, verschwand et.

Ase't Awend is, da kümmet de beiden annern un fraget, wie et ün gaen hädde. Da segd he: »O, so wit gut,« un hädde keinen Minsken sehen, ase des Middags, da wer so ein klein Männeken kummen, de hädde ün ümme en Stücksken Braud biddet. Do he et ünne giewen häd-de, hädde dat Männeken et fallen laten un hädde segd, he mögtet ünne doch wier upnümmen. Wie he dat nig hadde doen wullt, da hädde et anfangen to puchen; dat hädde he awerst unrecht verstan un hädde dat Männeken prügelt, un da hädde et ünne vertellt, wo de Künigsdöchter wären.

Da ärgerten sik de beiden so viel, dat de gehl un grön wören.

Den annern Morgen, da gungen se tohaupe an den Born un mackten Lose, wer sik dat erste in den Korv setten sulle. Da feel dat Los wier den öllesten to, he mot sik darin setten un de Klingel mitnümmen. Da segd he: »Wenn ik klingele, so mutt gi mik nur geschwinne wier herupwinnen!« Ase he en bitken herunne is, da klingelte wat; da winnen se ünne wier heruper.

Da sett sik de tweide herinne, de maket ewen sau. Nu kümmet dann auck de Riege an den jungesten, de lät sik awerst gans drinne runnerwinnen. Ase he ut den Korve stiegen is, da nümmet he sienen Hirschfänger un geit vor der ersten Doer staen un lustert; do hort he den Drachen gans lute schnarchen. He macket langsam de Döre oppen, da sitt da de eine Künigsdochter un häd op eren Schot niegene Drachenköppe ligen un luset de. Da nümmet he sinen Hirschfänger un hogget to, da siet de niegne Koppe awe. De Künigstdochter sprank up un fäl ünne um den Hals un drucket un piepete (küßte) ünn so viel, un nümmet ihr Bruststücke, dat wor von rauen Golle west, un henget ünne dat umme.

Da geit he auck nach der tweiden Künigsdochter, de häd en Drachen mit sieven Köppe to lusen un erlöset de auck, so de jungeste, de hadde en Drachen mit viere Köppen to lusen had; da geit he auck hinne. Do froget se sick alle so viel, un drucketen un piepeten ohne uphören.

Da klingelte he sau harde, bis dat se owen hört. Da set he de Künigsdöchter ein nach der annern in den Korv un

let se alle drei heruptrecken. Wie nu an ünne de Riege
kümmt, da fallet ün de Woore von den Erdmänneken
wier bie, dat et sine Gesellen mit ünne nig gut meinden.
Da nümmet he en groten Stein, de da ligt un legt ün
in den Korv. Ase de Korv da ungefähr bis in de Midde
herup is, schnien de falsken Broer owen dat Strick af, dat
de Korv mit den Stein up den Grund füll, un meinten,
he wöre nu daude, un laupet mit de drei Künigsdöchter wege un latet sick dervan verspreken, dat se an ehren
Vater seggen willt, dat se beiden se erlöset hädden. Da
kümmet se tom Künig, un begert se tor Fruen.
Unnerdies geit de jungeste Jägerbursche gans bedröwet
in den drei Kammern herümmer un denket, dat he nu
wull sterwen möste. Da süht he an der Wand 'n Fleu-
tenpipe hangen. Da segd he: »Worümme hengest du da
wull, hier kann ja doch keiner lustig sin?« He bekucket
auck de Drachenköppe, un segd: »Ju künnt mie nu auck
nig helpen!« He geit so mannigmal up un af spatzeren,
dat de Erdboden davon glat werd.
Un et lest, da kriegt he annere Gedanken, da nümmet
he de Fleutenpipen van der Wand un blest en Stücksken.
Up eenmal kummet da so viele Erdmännekens; bie jeden
Don, den he däht, kummt eint mehr. Da blest he so lange dat Stücksken, bis det Zimmer stopte vull is. De fraget
alle, wat sin Begeren wöre. Da segd he, he wull geren wier
up de Eere an Dages Licht. Da fatten se ünne alle an, an
jeden Spir Haar, wat he up sinen Koppe hadde, un sau
fleiget se mit ünne herupper bis up de Eere.
Wie he owen is, geit he glick nach den Künigsschlott, wo
grade de Hochtit mit der einen Künigsdochter sin sulle,
un geit up de Zimmer, wo de Künig mit sinen drei Döch-
tern is. Wie ünne da de Kinner seihet, da wered se gans
beschwämt (ohnmächtig). Da werd de Künig so böse un

let ünne glick in een Gefängnisse setten, weil he meint, he hädde den Kinnern en Leid annedaen. Ase awer de Künigsdöchter wier to sik kummt, da biddet se so viel, he mogte ünne doch wier lofe laten. De Künig fraget se, worümme. Da segd se, dat se dat nig vertellen dorften; awerst de Vaer de segd, se süllen et den Owen vertellen. Da geit he herut un lustert an de Döre un hört alles. Da lät he de beiden an en Galgen hängen, un den einen givt he de jungeste Dochter. Un da trok ik en Paar gläserne Schohe an, un da stott ik an en Stein, da segd et: »klink!« Da wören se kaput.

Der Bärenhäuter

Es war einmal ein junger Kerl, der ließ sich als Soldat anwerben, hielt sich tapfer und war immer der vorderste, wenn es blaue Bohnen regnete. So lange der Krieg dauerte, ging alles gut; aber als Friede geschlossen war, erhielt er seinen Abschied, und der Hauptmann sagte, er könnte gehen, wohin er wollte. Seine Eltern waren tot, und er hatte keine Heimat mehr, da ging er zu seinen Brüdern und bat, sie möchten ihm solange Unterhalt geben, bis der Krieg wieder anfinge. Die Brüder aber waren hartherzig und sagten: »Was sollen wir mit dir? Wir können dich nicht brauchen. Sieh zu, wie du dich durchschlägst!« Der Soldat hatte nichts übrig als sein Gewehr, das nahm er auf die Schulter und wollte in die Welt gehen. Er kam auf eine große Heide, auf der nichts zu sehen war als ein Ring von Bäumen; darunter setzte er sich ganz traurig nieder und sann über sein Schicksal nach. »Ich habe kein Geld,« dachte er, »ich habe nichts gelernt als das Kriegshandwerk, und jetzt, weil Friede geschlossen ist, brauchen sie mich nicht mehr; ich sehe voraus, ich muß verhungern!«

Auf einmal hörte er ein Brausen, und wie er sich umblickte, stand ein unbekannter Mann vor ihm, der einen grünen Rock trug, recht stattlich aussah, aber einen garstigen Pferdefuß hatte. »Ich weiß schon, was dir fehlt,« sagte der Mann, »Geld und Gut sollst du haben, so viel du mit aller Gewalt durchbringen kannst; aber ich muß zuvor wissen, ob du dich nicht fürchtest, damit ich mein Geld nicht umsonst ausgebe.«

»Ein Soldat und Furcht, wie paßt das zusammen?« antwortete er, »du kannst mich auf die Probe stellen.«

»Wohlan,« antwortete der Mann, »schau hinter dich!«
Der Soldat kehrte sich um und sah einen großen Bären,
der brummend auf ihn zutrabte. »Oho,« rief der Soldat,
»dich will ich an der Nase kitzeln, daß dir die Lust zum
Brummen vergehen soll!« legte an und schoß den Bären
auf die Schnauze, daß er zusammenfiel und sich nicht
mehr regte.

»Ich sehe wohl,« sagte der Fremde, »daß dir's an Mut
nicht fehlt; aber es ist noch eine Bedingung dabei, die
mußt du erfüllen!«

»Wenn mir's an meiner Seligkeit nicht schadet,« antwortete der Soldat, der wohl merkte, wen er vor sich hatte,
»sonst laß ich mich auf nichts ein.«

»Das wirst du selber sehen,« antwortete der Grünrock,
»du darfst in den nächsten sieben Jahren dich nicht wa-

schen, dir Bart und Haare nicht kämmen, die Nägel nicht schneiden und kein Vaterunser beten. Dann will ich dir einen Rock und Mantel geben, den mußt du in dieser Zeit tragen. Stirbst du in diesen sieben Jahren, so bist du mein; bleibst du aber leben, so bist du frei und bist reich dazu für dein Lebtag.«

Der Soldat dachte an die große Not, in der er sich befand, und da er so oft in den Tod gegangen war, wollte er es auch jetzt wagen und willigte ein. Der Teufel zog den grünen Rock aus, reichte ihn dem Soldaten hin und sagte: »Wenn du den Rock an deinem Leibe hast und in die Tasche greifst, so wirst du die Hand immer voll Geld haben.« Dann zog er dem Bären die Haut ab und sagte: »Das soll dein Mantel sein und auch dein Bett; denn darauf mußt du schlafen und darfst in kein anderes Bett kommen. Und dieser Tracht wegen sollst du Bärenhäuter heißen.« Hierauf verschwand der Teufel.

Der Soldat zog den Rock an, griff gleich in die Tasche und fand, daß die Sache ihre Richtigkeit hatte. Dann hing er die Bärenhaut um, ging in die Welt, war guter Dinge und unterließ nichts, was ihm wohl und dem Gelde wehe tat. Im ersten Jahr ging es noch leidlich, aber in dem zweiten sah er schon aus wie ein Ungeheuer. Das Haar bedeckte ihm fast das ganze Gesicht, sein Bart glich einem Stück groben Filztuchs, seine Finger hatten Krallen, und sein Gesicht war so mit Schmutz bedeckt, daß, wenn man Kresse hineingesät hätte, die aufgegangen wäre. Wer ihn sah, lief fort; weil er aber aller Orten den Armen Geld gab, damit sie für ihn beteten, daß er in den sieben Jahren nicht stürbe, und weil er alles gut bezahlte, so erhielt er doch immer noch Herberge.

Im vierten Jahr kam er in ein Wirtshaus; da wollte ihn der Wirt nicht aufnehmen und ihm nicht einmal einen Platz

im Stall anweisen, weil er fürchtete, seine Pferde würden
scheu werden. Doch als der Bärenhäuter in die Tasche
griff und eine Handvoll Dukaten herausholte, so ließ der
Wirt sich erweichen und gab ihm eine Stube im Hinter-
gebäude; doch mußte er versprechen, sich nicht sehen zu
lassen, damit sein Haus nicht in bösen Ruf käme.

Als der Bärenhäuter abends allein saß und von Herzen
wünschte, daß die sieben Jahre herum wären, so hörte
er in einem Nebenzimmer ein lautes Jammern. Er hatte
ein mitleidiges Herz, öffnete die Türe und erblickte einen alten Mann, der heftig weinte und die Hände über
den Kopf zusammenschlug. Der Bärenhäuter trat näher;
aber der Mann sprang auf und wollte entfliehen. Endlich, als er eine menschliche Stimme vernahm, ließ er
sich bewegen, und durch freundliches Zureden brachte
es der Bärenhäuter dahin, daß er ihm die Ursache seines
Kummers offenbarte. Sein Vermögen war nach und nach
geschwunden; er und seine Töchter mußten darben, und
er war so arm, daß er den Wirt nicht einmal bezahlen
konnte und ins Gefängnis sollte gesetzt werden. »Wenn
ihr weiter keine Sorge habt,« sagte der Bärenhäuter,
»Geld habe ich genug!« Er ließ den Wirt herbeikommen,
bezahlte ihn und steckte dem Unglücklichen noch einen
Beutel voll Gold in die Tasche.

Als der alte Mann sich aus seinen Sorgen erlöst sah, wußte
er nicht, womit er sich dankbar beweisen sollte. »Komm
mit mir,« sprach er zu ihm, »meine Töchter sind Wunder
von Schönheit; wähle dir eine davon zur Frau! Wenn sie
hört, was du für mich getan hast, so wird sie sich nicht
weigern. Du siehst freilich ein wenig seltsam aus, aber sie
wird dich schon wieder in Ordnung bringen.«

Dem Bärenhäuter gefiel das wohl, und er ging mit. Als ihn
die älteste erblickte, entsetzte sie sich so gewaltig vor sei-

nem Antlitz, daß sie aufschrie und fortlief. Die zweite blieb zwar stehen und betrachtete ihn von Kopf bis zu Füßen, dann aber sprach sie: »Wie kann ich einen Mann nehmen, der keine menschliche Gestalt mehr hat? Da gefiel mir der rasierte Bär noch besser, der einmal hier zu sehen war und sich für einen Menschen ausgab; der hatte doch einen Husarenpelz an und weiße Handschuhe! Wenn er nur häßlich wäre, so könnte ich mich an ihn gewöhnen!«

Die jüngste aber sprach: »Lieber Vater, das muß ein guter Mann sein, der euch aus der Not geholfen hat. Habt ihr ihm dafür eine Braut versprochen, so muß euer Wort gehalten werden!«

Es war schade, daß das Gesicht des Bärenhäuters von Schmutz und Haaren bedeckt war, sonst hätte man sehen können, wie ihm das Herz im Leibe lachte, als er diese Worte hörte. Er nahm einen Ring von seinem Finger, brach ihn entzwei und gab ihr die eine Hälfte, die andere behielt er für sich. In ihre Hälfte aber schrieb er seinen Namen und in seine Hälfte schrieb er ihren Namen und bat sie, ihr Stück gut aufzuheben. Hierauf nahm er Abschied und sprach: »Ich muß noch drei Jahre wandern. Komm ich aber nicht wieder, so bist du frei, weil ich dann tot bin. Bitte aber Gott, daß er mir das Leben erhält!«

Die arme Braut kleidete sich ganz schwarz, und wenn sie an ihren Bräutigam dachte, so kamen ihr die Tränen in die Augen. Von ihren Schwestern ward ihr nichts als Hohn und Spott zuteil. »Nimm dich in acht,« sprach die älteste, »wenn du ihm die Hand reichst, so schlägt er dir mit der Tatze darauf!«

»Hüte dich,« sagte die zweite, »die Bären lieben die Süßigkeit, und wenn du ihm gefällst, so frißt er dich auf!«

»Du mußt nur immer seinen Willen tun,« hub die älteste wieder an, »sonst fängt er an zu brummen!«

Und die zweite fuhr fort: »Aber die Hochzeit wird lustig sein, Bären die tanzen gut!«

Die Braut schwieg still und ließ sich nicht irre machen.

Der Bärenhäuter aber zog in der Welt herum, von einem Ort zum andern, tat Gutes, wo er konnte, und gab den Armen reichlich, damit sie für ihn beteten.

Endlich, als der letzte Tag von den sieben Jahren anbrach, ging er wieder hinaus auf die Heide und setzte sich unter den Ring von Bäumen. Nicht lange, so sauste der Wind, und der Teufel stand vor ihm und blickte ihn verdrießlich an; dann warf er ihm den alten Rock hin und verlangte seinen grünen zurück. »So weit sind wir noch nicht,« antwortete der Bärenhäuter, »erst sollst du mich reinigen.« Der Teufel mochte wollen oder nicht, er mußte Wasser holen, den Bärenhäuter abwaschen, ihm die Haare kämmen und die Nägel schneiden. Hierauf sah er wie ein tapferer Kriegsmann aus und war viel schöner, als je vorher.

Als der Teufel glücklich abgezogen war, so war es dem Bärenhäuter ganz leicht ums Herz. Er ging in die Stadt, tat einen prächtigen Sammetrock an, setzte sich in einen Wagen mit vier Schimmeln bespannt und fuhr zu dem Haus seiner Braut. Niemand erkannte ihn, der Vater hielt ihn für einen vornehmen Feldobristen und führte ihn in das Zimmer, wo seine Töchter saßen. Er mußte sich zwischen den beiden ältesten niederlassen; sie schenkten ihm Wein ein, legten ihm die besten Bissen vor und meinten, sie hätten keinen schöneren Mann auf der Welt gesehen. Die Braut aber saß im schwarzen Kleide ihm gegenüber, schlug die Augen nicht auf und sprach kein Wort.

Als er endlich den Vater fragte, ob er ihm eine seiner Töchter zur Frau geben wollte, so sprangen die beiben ältesten auf, liefen in ihre Kammer und wollten prächtige

Kleider anziehen; denn eine jede bildete sich ein, sie wäre die Auserwählte.

Der Fremde, sobald er mit seiner Braut allein war, holte den halben Ring hervor und warf ihn in einen Becher mit Wein, den er ihr über den Tisch reichte. Sie nahm ihn an; aber als sie getrunken hatte und den halben Ring auf dem Grund liegen fand, so schlug ihr das Herz. Sie holte die andere Hälfte, die sie an einem Band um den Hals trug, hielt sie daran, und es zeigte sich, daß beide Teile vollkommen zueinander paßten. Da sprach er: »Ich bin dein verlobter Bräutigam, den du als Bärenhäuter gesehen hast; aber durch Gottes Gnade habe ich meine menschliche Gestalt wieder erhalten und bin wieder rein geworden.« Er ging auf sie zu, umarmte sie und gab ihr einen Kuß.

Indem kamen die beiden Schwestern in vollem Putz herein, und als sie sahen, daß der schöne Mann der jüngsten

zuteil geworden war, liefen sie voll Zorn und Wut hinaus; die eine ersäufte sich im Brunnen, die andere erhenkte sich an einem Baum.

Am Abend klopfte jemand an der Türe, und als der Bräutigam öffnete, so war's der Teufel im grünen Rock, der sprach: »Siehst du, nun habe ich zwei Seelen für deine eine!«

De beiden Künigeskinner

Et was mol en Künig west, de hadde en kleinen Jungen kregen, in den sin Teiken (Zeichen) hadde stahn, he sull von einem Hirsch ümmebracht weren, wenn he festein Johr alt wäre. Ase he nu so wit annewassen was, do giengen de Jägers mol mit ünne up de Jagd.

In den Holte, do kümmt de Künigssohn bie de anneren denne. Up einmol süht he do ein grooten Hirsch, den wull he scheiten, he kunn en awerst nig dreppen. Up' lest is de Hirsch so lange für ünne herutlaupen, bis gans ut den Holte, do steiht do up einmol so ein grot lank Mann stad des Hirsches, de segd: »Nu, dat is gut, dat ik dik hewe; ik hewe schon sess paar gleserne Schlitschau hinner die kaput jaget un hewe dik nig kriegen könnt!« Do nummet he ün mit sik un schlippet em dur ein grot Water bis für en grot Künigsschlott, da mut he mit an'n Disk un eten wat.

Ase se tosammen wat geeten hed, segd de Künig: »Ik hewe drei Döchter; bie der ölesten mußt du en Nacht waken, von des Abends niegen Uhr bis Morgen sesse, un ik kumme jedesmol, wenn de Klocke schlätt, sülwens un rope, un wenn du mie dann kine Antwort givst, so werst du Morgen ümmebracht, wenn du awerst mie immer Antwort givst, so salst du se tor Frugge hewen!«

Ase do die jungen Lude up de Schlopkammer kämen, do stund der en steinernen Christoffel, do segd de Künigsdochter to emme: »Üm niegen Uhr kummet min Teite, alle Stunne, bis et drei schlätt; wenn he froget, so giwet gi em Antwort statt des Künigssuhns!« Do nickede de steinerne Christoffel mit den Koppe gans schwinne un dann jümmer lanksamer, bis he toleste wier stille stand.

Den anneren Morgen, da segd de Künig to emme: »Du hest dine Sacken gut macket; awerst mine Dochter kann ik nig hergiewen, du möstest dann en Nacht bie de tweiden Dochter wacken, dann will ik mie mal drup bedenken, ob du mine ölleste Dochter tor Frugge hewen kannst; awerst ik kumme olle Stunne sülwenst, un wenn ik die rope, so antworte mie, un wenn ik die rope un du antwortest nig, so soll fleiten din Blaud für mie!«

Un do gengen de beiden up de Schlopkammer, do stand do noch en gröteren steinernen Christoffel, dato seg de Künigsdochter: »Wenn min Teite frögt, so antworte du!« Do nickede de grote steinerne Christoffel wier mit den Koppe gans schwinne un dann jümmer lanksamer, bis he toleste wier stille stand. Un de Künigssuhn legte sik up den Dörsüll, legte de Hand unner den Kopp un schläp inne.

Den anneren Morgen seh de Künig to ünne: »Du hast dine Sacken twaren gut macket, awerrt mine Dochter kann ik nig hergiewen, du möstest süs bie der jungesten Künigsdochter en Nacht wacken, dann will ik mie bedenken, ob du mine tweide Dochter tor Frugge hewen kannst; awerst ik kumme olle Stunne sülwenst, un wenn ik die rope, so antworte mie, un wenn ik die rope un du antwortest nig, so soll fleiten din Blaud für mie!«

Do giengen se wier tohope up ehre Schlopkammer, do was do noch en viel grötern un viel längern Christoffel, ase bie de twei ersten. Dato segte de Künigsdochter: »Wenn min Teite röpet, so antworte du!« Do nigede de grote, lange steinerne Christoffel wohl ene halwe Stunne mit den Koppe, bis de Kopp tolest wier stille stand. Un de Künigssuhn legte sik up den Dörsüll un schläp inne.

Den annern Morgen, do segd de Künig: »Du hast twaren gut wacket; awerst ik kann die nau mine Dochter nig giewen. Ik hewe so en groten Wall, wenn du mie den von hüte Morgen sesse bis Obends sesse afhoggest, so will ik mie drup bedenken!«

Do dehe he ünne en gleserne Exe, en glesernen Kiel un en gleserne Holthacke midde.

Wie he in dat Holt kummen is, do heggete he einmol to, do was de Exe entwei; do nam he den Kiel un schlett einmal mit de Holthacke daruppe, do is et so kurt un so klein ase Grutt. Do was he so bedröwet un glöwte, nu möste he sterwen, un he geit sitten un grient.

Asset nu Middag is, do segd de Künig: »Eine von juck Mäken mott ünne wat to etten bringen!«

»Nee,« segged de beiden öllesten, »wie willt ün nicks bringen, wo he dat leste bie wacket het, de kann ün auck wat bringen!«

Do mutt de jungeste weg un bringen ünne wat to etten. Ase in den Walle kummet, da frägt se ün, wie et ünne gienge? »O,« sehe he, »et gienge ün gans schlechte.« Do sehe se, he sull herkommen un etten eest en bitken. »Nee,« sehe he, »dat künne he nig, he möste jo doch sterwen, etten wull he nig mehr.« Do gav se ünne so viel gute Woore, he möchte et doch versöken; do kümmt he un ett wat.

Ase he wat getten hett, do sehe se: »Ik will die eest en bitken lusen, dann werst du annerst to Sinnen!« Do se ün luset, do werd he so möhe un schlöppet in, und do nümmet se ehren Dook un binnet en Knupp do in, un schlätt ün dreimol up de Eere un segd: »Arweggers, herut!« Do würen gliek so viele Eerdmännekens herfürkummen un hadden froget, wat de Künigsdochter befelde. Do seh se: »In Tied von drei Stunnen mutt de grote Wall afhogget un olle dat Holt in Höpen settet sien!«

Do giengen de Eerdmännekens herum un boen ehre ganse Verwanschap up, dat se ehnen an de Arweit helpen sullen. Do fiengen se gliek an, un ase de drei Stunne ümme würen, do is olles to enne west, un do keimen se wier to der Künigsdochter un sehent ehr. Do nümmet se wier ehren witten Dook un segd: »Arweggers, nah Hus!« Do siet se olle wier wege west.

Do de Künigssuhn upwacket, so werd he so frau, do segd se: »Wenn et nu seffe schloen het, so kumme nah Hus.«

Dat het he auck bevolget, un do frägt de Künig: »Hest du
den Wall aawe?«

»Jo« segd de Künigssuhn.

Ase se do an een Diske sittet, do seh de Künig: »Ik kann
di nau mine Dochter nie tor Frugge giewen, he möste
eest nau wat ümme se dohen.«

Do frägt he, wat dat denn sien sulle.

»Ik hewe so en grot Dieck,« seh de Künig, »do most du
den annern Morgen hünne un most en utschloen, dat
he so blank is ase en Spegel, un et müttet von ollerhand
Fiske dorinne sien!«

Den anneren Morgen, do gav ünne de Künig ene gleserne Schute, un segd: »Ümme seß Uhr mot de Dieck ferrig
sien!«

Do geit he weg. Ase he bie den Dieck kummet, do stecket
he mit de Schute in de Muhe, do brack se af; do stecket
he mit de Hacken in de Muhe, un et was wier kaput. Do
werd he gans bedröwet.

Den Middag brachte de jüngeste Dochter ünne wat to etten, do fragt se, wo et ünne gienge? Do seh de Künigssuhn,
et gienge ünne gans schlechte, he sull sienen Kopp wohl
mißen mütten: »Dat Geschirr is mie wir klein gohen!«

»Oh,« seh se, »he sull kummen un etten eest wat, dann
werst du anneren Sinnes.«

»Nee,« segte he, »etten kunn he nig, he wer gar to bedröwet.« Do givt se ünne viel gude Woore, bis he kümmet
un ett watt.

Do luset se ünne wier, un he schloppet in; se nümmet
von niggen en Doock, schlett en Knupp do inne un klop-
pet mit den Knuppe dreimol up de Eere un segt: »Arweggers, herut!« Do kummet gliek so viele Erdmännekens un
froget olle, wat ehr Begeren wür. In Tied von drei Stunne mosten se den Dieck gans utschloen hewen, un he

44

möste so blank sien, datt man sik inne speigelen künne, un von ollerhand Fiske mosten dorinne sien. Do giengen de Eerdmännekens hünn un boen ehre Verwanschap up, dat se ünnen helpen sullen; un et is auck in zwei Stunnen ferrig west. Do kummet se wier un seged: »Wie hät dohen, so us befolen is!« Do nümmet de Künigsdochter den Doock un schlett wier dreimol up de Eere un segd: »Arweggers, to Hus!« Do siet se olle wier weg.

Ase do de Künigssuhn upwacket, do is de Dieck ferrig. Do geit de Künigsdochter auck weg, un segd, wenn et sesse wär, dann sull he nah Hus kummen. Ase he do nah Hus kummet, do frägt de Künig: »Hes du den Dieck ferrig?« »Jo,« seh de Künigssuhn. Dat wür schöne.

Do se do wier to Diske sittet, do seh de Künig: »Du hast den Dieck twarren ferrig; awerst ik kann di mine Dochter noch nie giewen, du most eest nau eins dohen!« »Wat is dat denn?« frögte de Künigssuhn. He hedde so en grot Berg, do würen luter Dorenbuske anne, de mosten alle afhoggen weren, un bowen up moste he en grot Schlott buggen, dat moste so wacker sien, ase't nu en Menske denken kunne, un olle Ingedömse, de in den Schlott gehorden, de mösten der olle inne sien.

Do he nu den anneren Morgen upsteit, do gav ünne de Künig en gleserenen Exen un en gleserenen Boren mie; et mott awerst um sess Uhr ferrig sien.

Do he an den eersten Dorenbuske mit de Exen anhogget, do gieng se so kurt und so klein, dat de Stücker rund um ünne herfloen, un de Boren kunn he auck nig brucken. Do war he gans bedrowet un toffte up sine Leiweste, op de nie keime un ünn ut de Naut hülpe.

Ase't do Middag is, do kummet se un bringet wat to etten; do geit he ehr in de Möte un vertellt ehr olles un ett wat, un lett sik von ehr lusen un schlöppet in.

Do nümmet se wier den Knupp un schlett domit upp de Eere un segd: »Arweggers, herut!« Do kummet wier so viel Eerdmännekens und froget, wat ehr Begeren wür. Do seh se: »In Tied von drei Stunnen müttet ju den gansen Busk afhoggen, un bowen uppe den Berge, do mot en Schlott stohen, dat mot so wacker sien, ase't nu ener denken kann, un olle Ingedömse muttet do inne sien.« Do ginge se hünne un boen ehre Verwanschap up, dat se helpen sullen, un ase de Tied ümme was, do was alles ferrig. Do kümmet se to der Künigsdochter un segget dat, un de Künigsdochter nümmet den Doog und schlett dreimol domit up de Eere un segd: »Arweggers, to Hus!« Do siet se gliek olle wier weg west.

Do nu de Künigssuhn upwecket, un olles soh, do was he so frau, ase en Vugel in der Luft.

Do et do sesse schloen hadde, do giengen se tohaupe nah Hus. Do segd de Künig: »Is dat Schlott auck ferrig?« »Jo« seh de Künigssuhn.

Ase do to Diske sittet, do segd de Künig: »Mine jüngeste Dochter kann ik nie giewen, befur de twei öllesten frigget het!«

Do wor de Künigssuhn un de Künigsdochter gans bedröwet, und de Künigssuhn wuste sik gar nig to bergen. Do kümmet he mol bie Nachte to der Künigsdochter un löppet dermit furt.

Ase do en bitken wegsiet, do kicket sik de Dochter mol ümme und süht ehren Vader hinne sik. »O« seh se, »wo süll wie dat macken? Min Vader is hinner us un will us ümmeholen! Ik will die grade to'n Dörenbusk macken un mie tor Rose, un ik will mie ümmer midden in den Busk waaren.

Ase do de Vader an de Stelle kümmet, do steit do en Dörenbusk un ene Rose do anne; do will he de Rose afbrekken, do kummet de Dören un stecket ün in de Finger, dat he wier nah Hus gehen mut.

Do frägt sine Frugge, worumme he se nig hädde middebrocht. Do seh he, he wür der bold wie west, awerst he hedde se uppen mol ut den Gesichte verloren, un do hädde do en Dörenbusk un ene Rose stohen. Do seh de Künigin: »Heddest du ment de Rose afbrocken, de Busk hedde sullen wohl kummen!« Do geit he wier weg un will de Rose herholen.

Unnerdes waren awerst de beiden schon wiet öwer Feld, un de Künig löppet der hinnerher. Do kicket sik de Tochter wier ümme un süht ehren Vader kummen; do seh se: »O, wo sull wie et nu macken? Ik will die grade tor Kerke macken un mie tom Pastoer; do will ik up de Kanzel stohn un predigen.«

Ase do de Künig an de Stelle kümmet, do steiht do ene Kerke, un up de Kanzel is en Pastoer un priediget; do hort he de Priedig to un geit wier nah Hus.

Do frägt de Küniginne, worumme he se nig middebrocht hedde. Da segd he: »Nee, ik hewe se so lange nachlaupen, un as ik glovte, ik wer der bold bie, do steit do en Kerke, un up de Kanzel en Pastoer, de priedigte.«

»Du häddest sullen ment den Pastoer bringen,« seh de Fru, »de Kerke hädde sullen wohl kummen. Dat ik die auk schicke, dat kann nig mer helpen, ik mut sülwenst hünnegohen!«

Ase se do ene Wiele wege is un de beiden von fern süht, do kicket sik de Künigsdochter ümme un süht ehre Moder kummen un segd: »Nu sie wie unglücksk, nu kümmet miene Moder sülwenst! Ik will die grade tom Dieck macken un mie tom Fisk!«

Do de Moder up de Stelle kummet, do is do en grot Dieck, un in de Midde sprank en Fisk herumme un kikkete mit den Kopp ut den Water un was gans lustig.

Do wull se geren den Fisk krigen, awerst se kun ünn gar nig fangen. Do werd se gans böse un drinket den gansen Dieck ut, dat se den Fisk kriegen will; awerst do werd se so üwel, dat se sick spiggen mott un spigget den gansen Dieck wier ut.

Do seh se: »Ik sehe do wohl, dat et olle nig mer helpen kann!« sei mogten nur wier to ehr kummen. Do gohet se dann auck wier hünne, un de Küniginne givt der Dochter drei Wallnütte und segd: »Do kannst du die mit helpen, wenn du in dine högste Naud bist!« Un do giengen de jungen Lüde wier tohaupe weg.

De se do wohl tein Stunne gohen hadden, do kummet se an dat Schlott, wovon de Künigssuhn was, un dobie was en Dorp. Ase se do anne keimen, do segd de Künigssuhn: »Blief hie, mine Leiweste, ik will eest up dat Schlott gohen, un dann will ik mit den Wagen un Bedeinten kummen un will die afholen!«

Ase he do up dat Schlott kummet, do werd se olle so frau, dat se den Künigssuhn nur wier hett. Do vertellt he, he hedde ene Brut, un de wür jetzt in den Dorpe, se wullen mit den Wagen hintrecken un se holen. Do spannt se auck glik an, un viele Bedeinten setten sik up den Wagen.

Ase do de Künigssuhn instiegen wull, do gav ün sine Moder en Kus, do hadde he alles vergeten, wat schehen was un auck, wat he dohen will. Do befal de Moder, se sullen wier utspannen, un do giengen se olle wier int't Hus.

Dat Mäken awerst sitt im Dorpe un luert un luert un meint, he sull se afholen, et kümmet awerst keiner. Do vermaiet sik de Künigsdochter in de Mühle, de hoerde bie dat Schlott; do moste se olle Nohmiddage bie den Watter sitten un Stunze schüren (Gefäße reinigen).

Do kümmet de Küniginne mol von den Schlotte gegohen un gohet an den Water spatzeiern un seihet dat wackere Mäken do sitten. Do segd se: »Wat is dat für en wacker Mäken! Wat geföllt mie dat gut!« Do kicket se et olle an, awerst keen Menske hadde et kand. Do geit wohl ene lange Tied vorbie, dat dat Mäken eerlik un getrugge bie den Müller deint.

Unnerdes hadde de Küniginne ene Frugge für ehren Suhn socht, de is gans feren ut der Weld west. Ase do be

Brut ankümmet, do söllt se gliek tohaupe giewen weren.
Et laupet so viele Lüde tosamen, de dat olle seihen willt;
do segd dat Mäken to den Müller, he mögte ehr doch
ouck Verlöv giewen. Do seh de Müller: »So menten
henne!«
Ase't do weg will, do maket et ene van den drei Wallnüt-
ten up, do legt do so en wacker Kleid inne, dat trecket et
an un gienk domie in de Kerke gigen den Altor stohen.
Up enmol kümmt de Brut un de Brüme un setet sik für
den Altor, un ase de Pastoer se do insegnen wull, do kik-

ket sik de Brut van der Halwe un süht et do stohen. Do steit se wier up un segd, se wull sik nie giewen loten, bis se auck so en wacker Kleid hadde, ase de Dame.

Do giengen se wier nah Hus un läten de Dame froen, ob se dat Kleid wohl verkofte. Nee, verkaupen dau se't nig, awerst verdeinen, dat mögte wohl sien. Do sagten se ehr, wat se denn dohen sullen. Do segd se, wenn se van Nachte für dat Dohr van den Künigssuhn schlapen döffte, dann wull se et wohl dohen. Do seget se jo, dat sul se menten dohen.

Do muttet de Bedeinten den Künigssuhn en Schlopdrunk ingiewen, un do legt se sik up den Süll un günselt de heile Nacht, se hädde den Wall für ün afhoggen loten, se hädde den Dieck für ün utschloen, se hädde dat Schlott für ün bugget, se hädde ünne ton Dörenbusk macket, dann wier tor Kerke un tolest tom Dieck, un he hädde se so geschwinne vergeten!

De Künigssuhn hadde nicks davon hört, de Bedeinten awerst würen upwacket un hadden tolustert un hadden nie wust, wet et sull bedüen.

Den anneren Morgen, ase se upstohen würen, do trock de Brut dat Kleid an un fohrt mit den Brümen nah der Kerke. Unnerdes macket dat wackere Mäken de tweide Wallnutt up, un do is nau en schöner Kleid inne, dat tut et wier an un geit domie in de Kerke gigen den Altor stohen; do geit et dann ewen, wie dat vürge mol.

Un dat Mäken liegt wier en Nacht für den Süll, de nah des Künigsuhns Stobe geit, un de Bedeinten süllt ün wier en Schlopdrunk ingiewen; de Bedeinten kummet awerst un giewet ünne wat to wacken, damie legt he sik to Bedde; un de Müllersmaged für den Dörsüll günselt wier so viel und segd, wat se dohen hädde. Dat hört olle de Künigsuhn un werd gans bedröwet, un et föllt ünne olle

51

wier bie, wat vergangen was. Do will he nah ehr gohen; arwerst sine Moder hadde de Dör toschlotten.

Den annern Morgen awerst gieng he gliek to siner Lei-westen und vertellte ehr olles, wie et mit ünne togan-gen wür, un se mögte ünne doch nig beuse sin, dat he se so lange vergetten hädde. Do macket de Künigsdochter de dridde Wallnutt up, do is nau en viel wackerer Kleid inne, dat trecket sie an un fört mit ehrem Brümen nah de Kerke, un do keimen so viele Kinner, de geiwen ünne Blomen un hellen ünne bunte Bänner fur de Föte, un se leiten sik insegnen un hellen ene lustige Hochtied; awerst de falske Moder und Brut mosten weg. Un we dat lest vertellt het, den is de Mund noch warm.

Der Königssohn, der sich vor nichts fürchtet

Es war einmal ein Königssohn, dem gefiel's nicht mehr daheim in seines Vaters Haus, und weil er vor nichts Furcht hatte, so dachte er: »Ich will in die weite Welt gehen, da wird mir Zeit und Weile nicht lang, und ich werde wunderliche Dinge genug sehen!« Also nahm er von seinen Eltern Abschied und ging fort, immer zu, von Morgen bis Abend, und es war ihm einerlei, wo hinaus ihn der Weg führte.

Es trug sich zu, daß er vor eines Riesen Haus kam, und weil er müde war, setzte er sich vor die Tür und ruhte. Und als er seine Augen so hin- und hergehn ließ, sah er auf dem Hof des Riesen Spielwerk liegen; das waren ein paar mächtige Kugeln und Kegel so groß wie ein Mensch. Über ein Weilchen bekam er Lust, stellte die Kegel auf und schob mit den Kugeln danach, schrie und rief, wenn die Kegel fielen, und war guter Dinge.

Der Riese hörte den Lärm, streckte seinen Kopf zum Fenster heraus und erblickte einen Menschen, der nicht größer war als andere und doch mit seinen Kegeln spielte. »Würmchen,« rief er, »was kegelst du mit meinen Kegeln? Wer hat dir die Stärke dazu gegeben?«

Der Königssohn schaute auf, sah den Riesen an und sprach: »O du Klotz, du meinst wohl, du hättest allein starke Arme? Ich kann alles, wozu ich Lust habe!«

Der Riese kam herab, sah dem Kegeln ganz verwundert zu und sprach: »Menschenkind, wenn du der Art bist, so geh und hol mir einen Apfel vom Baum des Lebens!«

»Was willst du damit?« fragte der Königssohn.

»Ich will den Apfel nicht für mich,« antwortete der Riese, »aber ich habe eine Braut, die verlangt danach; ich bin

weit in der Welt umhergegangen und kann den Baum
nicht finden.«

»Ich will ihn schon finden,« sagte der Königssohn, »und
ich weiß nicht, was mich abhalten soll, den Apfel herun-
terzuholen!«

Der Riese sprach: »Du meinst wohl, das wäre so leicht?
Der Garten, worin der Baum steht, ist von einem eisernen Gitter umgeben, und vor dem Gitter liegen wilde
Tiere, eins neben dem andern, die halten Wache und lassen keinen Menschen hinein!«

»Mich werden sie schon einlassen!« sagte der Königssohn.

»Ja, gelangst du auch in den Garten und siehst den Apfel am Baum hängen, so ist er doch noch nicht dein; es
hängt ein Ring davor, durch den muß einer die Hand
stecken, wenn er den Apfel erreichen und abbrechen will,
und das ist noch keinem geglückt!«

»Mir soll's schon glücken!« sprach der Königssohn.

Da nahm er Abschied von dem Riesen, ging fort über Berg und Tal, durch Felder und Wälder, bis er endlich den Wundergarten fand. Die Tiere lagen rings herum; aber sie hatten die Köpfe gesenkt und schliefen. Sie erwachten auch nicht, als er herankam, sondern er trat über sie weg, stieg über das Gitter und kam glücklich in den Garten. Da stand mitten inne der Baum des Lebens, und die roten Äpfel leuchteten an den Ästen. Er kletterte an dem Stamm in die Höhe, und wie er nach einem Apfel reichen wollte, sah er einen Ring davor hängen; aber er steckte seine Hand ohne Mühe hindurch und brach den Apfel. Der Ring schloß sich fest an seinen Arm, und er fühlte, wie auf einmal eine gewaltige Kraft durch seine Adern drang.

Als er mit dem Apfel von dem Baum wieder herabgestiegen war, wollte er nicht über das Gitter klettern, sondern faßte das große Tor und brauchte nur einmal daran zu schütteln, so sprang es mit Krachen auf. Da ging er hinaus, und der Löwe, der davor gelegen hatte, war wach geworden und sprang ihm nach, aber nicht in Wut und Wildheit, sondern folgte ihm demütig als seinem Herrn. Der Königssohn brachte dem Riesen den versprochenen Apfel und sprach: »Siehst du, ich habe ihn ohne Mühe geholt!«

Der Riese war froh, daß sein Wunsch so bald erfüllt war, eilte zu seiner Braut und gab ihr den Apfel, den sie verlangt hatte. Es war eine schöne und kluge Jungfrau, und da sie den Ring nicht an seinem Arm sah, sprach sie: »Ich glaube nicht eher, daß du den Apfel geholt hast, als bis ich den Ring an deinem Arm erblicke!«

Der Riese sagte: »Ich brauche nur heimzugehen und ihn zu holen!« und meinte, es wäre ein leichtes, dem schwachen Menschen mit Gewalt wegzunehmen, was er nicht gutwillig geben wollte. Er forderte also den Ring von ihm; aber der Königssohn weigerte sich. »Wo der Apfel ist, muß auch der Ring sein,« sprach der Riese, »gibst du ihn nicht gutwillig so mußt du mit mir darum kämpfen!« Sie rangen lange Zeit miteinander; aber der Riese konnte dem Königssohn, den die Zauberkraft des Ringes stärkte, nichts anhaben. Da sann der Riese auf eine List und sprach: »Mir ist warm geworden bei dem Kampf und dir auch, wir wollen im Flusse baden und uns abkühlen, eh' wir wieder anfangen!« Der Königssohn, der von Falschheit nichts wußte, ging mit ihm zu dem Wasser, streifte mit seinen Kleidern auch den Ring vom Arm und ging in den Fluß. Alsbald griff der Riese nach dem Ring und lief damit fort; aber der Löwe, der den Diebstahl bemerkt hatte, setzte dem Riesen nach, riß ihm den Ring aus der Hand und brachte ihn seinem Herrn zurück. Da stellte sich der Riese hinter einen Eichbaum, und als der Königssohn beschäftigt war, seine Kleider wieder anzuziehen, überfiel er ihn und stach ihm beide Augen aus.

Nun stand da der arme Königssohn, war blind und wußte sich nicht zu helfen. Da kam der Riese wieder herbei, faßte ihn bei der Hand, wie jemand, der ihn leiten wollte, und führte ihn auf die Spitze eines hohen Felsens. Dann ließ er ihn stehen und dachte: »Noch ein paar Schritte weiter, so stürzt er sich tot, und ich kann ihm den Ring abziehen.« Aber der treue Löwe hatte seinen Herrn nicht verlassen, hielt ihn am Kleide fest und zog ihn allmählich wieder zurück.

Als der Riese kam und den Toten berauben wollte, sah er, daß seine List vergeblich gewesen war. »Ist denn ein so schwaches Menschenkind nicht zu verderben!« Sprach er zornig zu sich selbst, faßte den Königssohn und führte ihn auf einem andern Weg nochmals zu dem Abgrund;

aber der Löwe, der die böse Absicht merkte, half seinem Herrn auch hier aus der Gefahr. Als sie nahe zum Rand gekommen waren, ließ der Riese die Hand des Blinden fahren und wollte ihn allein zurücklassen; aber der Löwe stieß den Riesen, daß er hinabstürzte und zerschmettert auf den Boden fiel.

Das treue Tier zog seinen Herrn wieder von dem Abgrund zurück und leitete ihn zu einem Baum, an dem ein klarer Bach floß. Der Königssohn setzte sich da nieder,

der Löwe aber legte sich und spritzte mit seiner Tatze ihm das Wasser ins Antlitz. Kaum hatten ein paar Tröpfchen die Augenhöhlen benetzt, so konnte er wieder etwas sehen und bemerkte ein Vöglein, das flog ganz nah vorbei, stieß sich aber an einen Baumstamm; hierauf ließ es sich in das Wasser herab und badete sich darin, dann flog es auf und strich ohne anzustoßen zwischen den Bäumen hin, als hätte es sein Gesicht wieder bekommen. Da erkannte der Königssohn den Wink Gottes, neigte sich herab zu dem Wasser und wusch und badete sich darin das Gesicht. Und als er sich aufrichtete, hatte er seine Augen wieder so hell und rein, wie sie nie gewesen waren. Der Königssohn dankte Gott für die große Gnade und zog mit seinem Löwen weiter in der Welt herum. Nun trug es sich zu, daß er vor ein Schloß kam, das verwünscht war. In dem Tor stand eine Jungfrau von schöner Gestalt und feinem Antlitz, aber sie war ganz schwarz. Sie redete ihn an und sprach: »Ach, könntest du mich erlösen aus dem bösen Zauber, der über mich geworfen ist!«

»Was soll ich tun?« sprach der Königssohn.

Die Jungfrau antwortete: »Drei Nächte mußt du in dem großen Saal des verwünschten Schlosses zubringen, aber es darf keine Furcht in dein Herz kommen. Wenn sie dich auf das ärgste quälen und du hältst es aus, ohne einen Laut von dir zu geben, so bin ich erlöst. Das Leben dürfen sie dir nicht nehmen!«

Da sprach der Königssohn: »Ich fürchte mich nicht, ich will's mit Gottes Hilfe versuchen! Also ging er fröhlich in das Schloß, und als es dunkel ward, setzte er sich in den großen Saal und wartete.

Es war aber still bis Mitternacht, da fing plötzlich ein großer Lärm an, und aus allen Ecken und Winkeln kamen kleine Teufel herbei. Sie taten, als ob sie ihn nicht sähen, setzten sich mitten in die Stube, machten ein Feuer an und fingen an zu spielen. Wenn einer verlor, sprach er: »Es ist nicht richtig, es ist einer da, der nicht zu uns gehört, der ist schuld, daß ich verliere!«

»Wart ich komme, du hinter dem Ofen,« sagte ein anderer.

Das Schreien ward immer größer, so daß es niemand ohne Schrecken hätte anhören können. Der Königssohn blieb ganz ruhig sitzen und hatte keine Furcht; doch endlich sprangen die Teufel von der Erde auf und fielen über ihn her, und es waren so viele, daß er sich ihrer nicht verwehren konnte. Sie zerrten ihn auf dem Boden herum, zwickten, stachen, schlugen und quälten ihn; aber er gab keinen Laut von sich.

Gegen Morgen verschwanden sie, und er war so abgemattet, daß er kaum seine Glieder regen konnte; als aber der Tag anbrach, da trat die schwarze Jungfrau zu ihm herein. Sie trug in ihrer Hand eine kleine Flasche, worin Wasser des Lebens war, damit wusch sie ihn, und alsbald fühlte er, wie alle Schmerzen verschwanden und frische Kraft in seine Adern drang. Sie sprach: »Eine Nacht hast du glücklich ausgehalten, aber noch zwei stehen dir bevor!« Da ging sie wieder weg, und im Weggehen bemerkte er, daß ihre Füße weiß geworden waren.

In der folgenden Nacht kamen die Teufel und fingen ihr Spiel aufs neue an; sie fielen über den Königssohn her und schlugen ihn viel härter als in der vorigen Nacht, daß sein Leib voll Wunden war. Doch da er alles still ertrug, mußten sie von ihm lassen, und als die Morgenröte anbrach, erschien die Jungfrau und heilte ihn mit dem Lebenswasser. Und als sie wegging, sah er mit Freuden, daß sie schon weiß geworden war bis zu den Fingerspitzen.

Nun hatte er nur noch eine Nacht auszuhalten, aber die war die schlimmste. Der Teufelsspuk kam wieder: »Bist du noch da?« schrien sie, »du sollst gepeinigt werden, daß dir der Atem stehen bleibt!« Sie stachen und schlugen ihn, warfen ihn hin und her und zogen ihn an Armen und Beinen, als wollten sie ihn zerreißen; aber er duldete alles und gab keinen Laut von sich.

Endlich verschwanden die Teufel; aber er lag da ohnmächtig und regte sich nicht; er konnte auch nicht die Augen aufheben, um die Jungfrau zu sehen, die herein kam und ihn mit dem Wasser des Lebens benetzte und begoß.

Aber auf einmal war er von allen Schmerzen befreit und fühlte sich frisch und gesund, als wäre er aus einem Schlaf erwacht, und wie er die Augen aufschlug, so sah er die Jungfrau neben sich stehen, die war schneeweiß und schön, wie der helle Tag. »Steh auf,« sprach sie, »schwing dein Schwert dreimal über die Treppe, so ist alles erlöst!« Und als er das getan hatte, da war das ganze Schloß vom Zauber befreit, und die Jungfrau war eine reiche Königstochter.

Die Diener kamen und sagten, im großen Saale wäre die Tafel schon zubereitet und die Speise aufgetragen. Da setzen sie sich nieder aßen und tranken zusammen, und abends ward in großen Freuden die Hochzeit gefeiert.

Ferenand getrü und Ferenand ungetrü

Et was mal en Mann un 'ne Fru west, de hadden, so lange se rick wören, kene Kinner, as se awerst arm woren, da kregen se en kleinen Jungen. Se kunnen awerst kenen Paen dato kregen. Da segde de Mann, he wulle mal na de annern Ohre gahn un tosehn, ob he da enen krege.

Wie he so gienk, begegnete ünn en armen Mann, de frog en, wo he hünne wulle. He segde, he wulle hünn un tosehn, dat he 'n Paen kriegte; he sie arm, und da wulle ünn ken Minske to Gevaher stahn.

»O,« segde de arme Mann, »gi sied arm, un ik sie arm, ik will guhe (euer) Gevaher weren; ik sie awerst so arm, ik kann dem Kinne nix giwen, gehet hen un segget de Bähmoer, se sulle man mit den Kinne na der Kerken kummen.« Ase se nu tohaupe an der Kerken kummet, da is de Bettler schaun darinne, de givt dem Kinne den Namen Ferenand getrü.

Wie he nu ut der Kerken gahet, da segd de Bettler: »Nu gahet man na Hus, ik kann guh nix giwen, un gi süllt mi ok nix giwen!« De Bähmoer awerst gav he 'n Schlüttel un segd er, se mögt en, wenn se na Hus käme, dem Vaer giwen, de sull'n verwahren, bis dat Kind vertein Johr old wöre, dann sull et up de Heide gahn, da wöre 'n Schlott, dato paßte de Schlüttel; wat darin wöre, dat sulle em hören.

Wie dat Kind nu sewen Johr alt wor, un düet wassen wor, gienk et mal spilen mit annern Jungens; da hadde de eine noch mehr vom Paen kriegt, ase de annere, he awerst kunne nix seggen, un da grinde he und gienk nah Hus un segde tom Vaer: »Hewe ik denn gar nix vom Paen kriegt?«

61

»O ja,« segde de Vaer, »du hest en Schlüttel kriegt, wenn up de Heide 'n Schlott steit, so gah man hen un schlut et up.«

Da gienk he hen, awerst et was kein Schlott to hören un to sehen.

Wier na sewen Jahren, ase he vertein Johr old is, geit he nochmals hen, da steit en Schlott darup. Wie he et upschloten het, da is der nix enne, ase 'n Perd, 'n Schümmel. Da werd de Junge so vuller Früden, dat he dat Perd hadde, dat he sik darup sett un to sinen Vaer jegd (jagt). »Nu hew ik auck 'n Schümmel, nu will ik auck reisen« segd he.

Da treckt he weg, un wie he unnerweges is, ligd da 'ne Schriffeder up 'n Wegge, he will se eist (erst) upnümmen, da denkt he awerst wier bie sich: »O, du süst se auck liggen laten, du findst ja wull, wo du hen kümmst, 'ne Schriffeder, wenn du eine bruckest.« Wie he so weggeit, do roppt et hinner üm: »Ferenand getrü, nimm se mit!« He süt sik ümme, süt awerst keinen, da geit he wier torugge un nümmt se up.

Wie he wier 'ne Wile rien is, kümmt he bie 'n Water vorbie, so ligd da en Fisk am Oewer un snappet un happet na

Luft; so segde he: »Töv, min lewe Fisk, ik will die helpen, dat du in't Water kümmst!« un gript 'n bie'n Schwans un werpt 'n in't Water. Da steckt de Fisk den Kopp ut den Water un segd: »Nu du mie ut den Kot holpen hest, will ik die 'ne Flötenpiepen giwen. Wenn du in de Naud bist, so flöte derup, dann will ik die helpen, un wenn du mal wat int Water hest fallen laten, so flöte man, so will ik et die herut reicken!«

Nu ritt he weg, da kümmt so 'n Minsk to üm, de frägt 'n, wo he hen wull. »O, na den neggsten Ohre!«

Wu he dann heite? »Ferenand getrü.«

»Sü, da hewe wie ja fast den sülwigen Namen, ik heite Ferenand ungetrü.«

Da trecket se beide na den neggsten Ohre in dat Wertshus.

Nu was et schlimm, dat de Ferenand ungetrü allet wußte, wat 'n annerer dacht hatte un doen wulle; dat wuste he döre so allerhand slimme Künste. Et was awerst im Wertshuse so 'n wacker Mäken, dat hadde 'n schier Angesicht un drog sik so hübsch; dat verleiv sik in den Ferenand getrü, denn et was 'n hübschen Minschen west, un frog'n, wo he hento wulle.

»O, he wulle so herümmerreisen!«

Da segd se, so sull he doch nur da bliewen, et wöre hier to Lanne 'n Künig, de neime wull geren 'n Bedeenten oder Vorrüter; dabie sulle he in Diensten gahn.

He andworde, he künne nig gud so to einen hingahen un been sik an.

Da segde dat Mäken: »O, dat will ik dann schon dauen!«

Un so gienk se auck stracks hen na den Künig un sehde ünn, se wüste ünn 'n hübschen Bedeenten. Dat was de wol tofreen un leit 'n to sik kummen un wull 'n tom Bedeenten macken. He wull awerst leewer Vorrüter sin, denn wo sin Perd wöre, da möst he auck sin; da mackt 'n de Künig tom Vorrüter.

Wie düt de Ferenand ungetrü gewahr wore, da segd he to den Mäken: »Töv, helpest du den an un mie nig?«

»O,« segd dat Mäken, »ik will 'n auck anhelpen!« Se dachte: »Den most du die tom Frünne wahren, denn he is nig to truen!« Se geit also vorm Künig stahn und beed 'n als Bedeenten an; dat is de Künig tofreen.

Wenn he nu also des Morgens den Heren antrock, da jammerte de jümmer: »O, wenn ik doch eist mine Leiveste bie mie hädde!« De Ferenand ungetrü was awerst dem Ferenand getrü jümmer uppsettsig. Wie also de Künig mal wier so jammerte, da segd he: »Sie haben ja den Vorreiter, den schicken sie hin, der muß sie herbeischaffen, und wenn er es nicht tut, so muß ihm der Kopf vor die Füße gelegt werden!« Da leit de Künig den Ferenand getrü to sik kummen un sehde üm, he hädde da un da 'ne Leiveste, de sull he ünn herschappen, wenn he dat nig deie, sull he sterwen.

De Ferenand getrü gienk in Stall to sinen Schümmel un grinde un jammerte. »O, wat sin ik 'n unglücksch Minschenkind!«

Do röppet jeimes hinne üm: »Ferdinand getreu, was weinst du?«

He süt sik um, süt awerst neimes, un jammerd jümmer fort: »O min lewe Schümmelken, nu mot ik die verlaten, nu mot it sterwen!«

Do röppet et wier: »Ferdinand getreu, was weinst du?«

Do merket he eist, dat dat sin Schümmelken dei, dat Fragen. »Döst du dat, min Schümmelken, kannst du küren?« Un segd wier: »Ik sull da un da hen, un sull de Brut halen. West du nig wie ik dat wol anfange?«

Do antwoerd dat Schümmelken: »Gah du na den Künig un segg, wenn he die giwen wulle, wat du hewen möstest,

64

so wullest du se ünn schappen; wenn he die 'n Schipp vull Fleisk un 'n Schipp vull Brot giwen wulle, so sull et gelingen. Da wöde grauten Riesen up den Water, wenn du denen ken Fleisk midde brächtes, so terreitn sie die; un da wören de grauten Vüggel, de pickeden die de Ogen ut den Koppe, wenn du ken Brot vor se häddest.«
Da lett de Künig alle Slächter im Lanne slachten un alle Becker backen, dat de Schippe vull werdt. Wie se vull sied, sagd dat Schümmelken tom Ferenand getrü: »Nu gah man up mie sitten un treck mit mie in 't Schipp, wenn dann de Riesen kümmet, so segg:

> Still, still, meine lieben Riesechen,
> Ich hab euch wohl bedacht,
> Ich hab euch was mitgebracht!

Un wenn de Vüggel kümmet. so segst du wier:

> Still, still, meine lieben Vögelchen,
> Ich hab euch wohl bedacht,
> Ich hab euch was mitgebracht!

Dann doet sie die nix, un wenn du dann bie dat Schlott kümmst, dann helpet die de Riesen, dann gah up dat Schlott un nümm 'n Paar Riesen mit, da ligd de Prinzessin un schlöppet. Du darfst se awerst nig upwecken, sonnern de Riesen mött se mit den Bedde upnümmen un in dat Schipp dregen.« Und da geschah nun alles, wie das Schimmelchen gesagt hatte, und den Riesen und den Vögeln gab der Ferenand getrü, was er ihnen mitgebracht hatte. Dafür wurden die Riesen willig und trugen die Prinzessin in ihrem Bett zum König.
Un ase se tom Künig kümmet, segd se, se künne nig liwen, se möste ere Schriften hewen, de wören up eren Schlotte liggen bliwen. Da werd de Ferenand getrü up

Anstiften det Ferenand ungetrü roopen, un de Künig be-
dütt ünn, he sulle de Schriften van dem Schlotte holen,
süst sull he sterwen.

Da geit he wier in 'n Stall un grind un segd: »O, min lewe
Schümmelken, nu sull ik noch 'n mal weg, wie süll wie
dat macken?« Da segd de Schümmel, se sullen dat Schipp
man wier vull laen.

Da geht es wieder wie das vorige Mal, und die Riesen und
die Vögel werden von dem Fleisch gesättigt und besänftigt. Ase se bie dat Schlott kümmet, segd de Schümmel to

66

ünn, he sulle man herin gahn, in den Schlapzimmer der Prinzessin, up den Diske, da lägen de Schriften. Da geit Ferenand getrü hün un langet se.

Ase se up 'n Water sind, do let he sine Schriffedder in't Water fallen, da segd de Schümmel: »Nu kann ik die awerst nig helpen.« Da fällt'n dat bie mit de Flötepiepen. He fänkt an to flöten; da kümmt de Fisk un het de Fedder im Mule un langet se'm hen. Nu bringet he de Schriften na dem Schlotte, wo de Hochtid hallen werd.

De Künigin mogte awerst den Künig nig lien, weil he keine Nese hodde, sonnern se mogte den Ferenand getrü geren lien. Wie nu mal olle Herens vom Hove tosammen sied, so segd de Künigin, se könne auck Kunststücke makken, se künne einen den Kopp afhoggen un wier upsetten, et sull nur mant einer versöcken. Da wull awerst kener de eiste sien, da mott Ferenand getrü daran, wier up Anstiften von Ferenand ungetrü. Den hogget se den Kopp af un sett'n ünn auck wier up, et is auck glick wier tau heilt, dat et utsach, ase hödde he 'n roen Faen üm 'n Hals.

Da segd de Künig to ehr: »Mein Kind, wo hast du denn das gelernt?«

»Ja,« segd se, »die Kunst versteh ich, soll ich es an dir auch einmal versuchen?«

»O ja,« segd he. Do hogget se en awerst den Kopp af un sett'n en nig wier upp, se doet, as ob se'n nig darup kriegen künne, un as ob he nig fest sitten wulle. Da werd de Künig begrawen; se awerst frigget den Ferenand getrü. He ride awerst jümmer sinen Schümmel, un ase he mal darup sat, da segd he to em, he sulle mal up 'ne annere Heide, de he em wist, trecken und da dreimal mit em herümme jagen. Wie he dat dahen hadde, da geit de Schümmel up de Hinnerbeine stahn un verwannelt sik in 'n Künigssuhn.

Die vier kunstreichen Brüder

Es war ein armer Mann, der hatte vier Söhne. Wie die herangewachsen waren, sprach er zu ihnen: »Liebe Kinder, ihr müßt jetzt hinaus in die Welt, ich habe nichts, das ich euch geben könnte. Macht euch auf und geht in die Fremde, lernt ein Handwerk und seht, wie ihr euch durchschlagt!« Da ergriffen die vier Brüder den Wanderstab, nehmen Abschied von ihrem Vater und zogen zusammen zum Tor hinaus.

Als sie eine Zeitlang gewandert waren, kamen sie an einen Kreuzweg, der nach vier verschiedenen Gegenden führte. Da sprach der älteste: »Hier müssen wir uns trennen; aber heute über vier Jahre wollen wir an dieser Stelle wieder zusammentreffen und in der Zeit unser Glück versuchen.«

Nun ging jeder seinen Weg, und dem ältesten begegnete ein Mann, der fragte ihn, wo er hinaus wollte und was er vor hätte. »Ich will ein Handwerk lernen,« antwortete er. Da sprach der Mann: »Geh mit mir und werde ein Dieb!« »Nein,« antwortete er, »das gilt für kein ehrliches Handwerk mehr, und das Ende vom Lied ist, daß einer als Schwengel in der Feldglocke gebraucht wird.«

»O,« sprach der Mann, »vor dem Galgen brauchst du dich nicht zu fürchten! Ich will dich bloß lehren, wie du holst, was sonst kein Mensch kriegen kann, und wo dir niemand auf die Spur kommt!«

Da ließ er sich überreden, ward bei dem Manne ein gelernter Dieb und ward so geschickt, daß vor ihm nichts sicher war, was er einmal haben wollte.

Der zweite Bruder begegnete einem Mann, der dieselbe Frage an ihn tat, was er in der Welt lernen wollte.

»Ich weiß es noch nicht,« antwortete er.

»So geh mit mir und werde ein Sterngucker; nichts besser als das, es bleibt einem nichts verborgen!«

Er ließ sich das gefallen und ward ein so geschickter Sterngucker, daß sein Meister, als er ausgelernt hatte und weiter ziehen wollte, ihm ein Fernrohr gab und zu ihm sprach: »Damit kannst du sehen, was auf Erden und am Himmel vorgeht, und kann dir nichts verborgen bleiben!«

Den dritten Bruder nahm ein Jäger in die Lehre und gab ihm in allem, was zur Jägerei gehört, so guten Unterricht, daß er ein ausgelernter Jäger ward. Der Meister schenkte ihm beim Abschiede eine Büchse und sprach: »Die fehlt nicht. Was du damit aufs Korn nimmst, das triffst du sicher!«

Der jüngste Bruder begegnete gleichfalls einem Manne, der ihn anredete und nach seinem Vorhaben fragte. »Hast du nicht Lust, ein Schneider zu werden?«

»Daß ich nicht wüßte,« sprach der Junge, »das Krummsitzen von morgens bis abends, das Hin- und Herfegen mit der Nadel und das Bügeleisen will mir nicht in den Sinn!«

»Ei was »antwortete der Mann, »du sprichst, wie du's verstehst! Bei mir lernst du eine ganz andere Schneiderkunst, die ist anständig und ziemlich, zum Teil sehr ehrenvoll!«

Da ließ er sich überreden, ging mit und lernte die Kunst des Mannes aus dem Grunde. Beim Abschied gab ihm dieser eine Nadel und sprach: »Damit kannst du zusammennähen, was dir vorkommt, es sei so weich wie ein Ei oder so hart wie Stahl, und es wird ganz zu einem Stück, daß keine Naht mehr zu sehen ist!«

Als die bestimmten vier Jahre herum waren, kamen die vier Brüder zu gleicher Zeit an dem Kreuzwege zusam-

men, herzten und küßten sich und kehrten heim zu ihrem Vater. »Nun,« sprach dieser ganz vergnügt, »hat euch
der Wind wieder zu mir geweht?« Sie erzählten wie es
ihnen ergangen war und daß jeder das Seinige gelernt
hätte!

Nun saßen sie gerade vor dem Haus unter einem großen
Baum, da sprach der Vater: »Jetzt will ich euch auf die
Probe stellen und sehen, was ihr könnt!«

Danach schaute er auf und sagte zu dem zweiten Sohne:
»Oben im Gipfel dieses Baumes sitzt zwischen zwei Ästen

ein Buchfinkennest. Sag mir, wie viel Eier liegen darin?« Der Sterngucker nahm sein Glas, schaute hinauf und sagte: »Fünfe sind's!«

Sprach der Vater zum ältesten: »Hol du die Eier herunter, ohne daß der Vogel, der darauf sitzt und brütet, gestört wird!« Der kunstreiche Dieb stieg hinauf und nahm dem Vöglein, das gar nichts davon merkte und ruhig sitzen blieb, die fünf Eier unter dem Leib weg und brachte sie dem Vater herab.

Der Vater nahm sie, legte an jede Ecke des Tisches eins und das fünfte in die Mitte, und sprach zum Jäger: »Du schießest mir mit einem Schuß die fünf Eier in der Mitte entzwei!« Der Jäger legte seine Büchse an und schoß die Eier, wie es der Vater verlangt hatte, alle fünfe, und zwar in einem Schuß. Der hatte gewiß von dem Pulver, das um die Ecke schießt.

»Nun kommt die Reihe an dich,« sprach der Vater zu dem vierten Sohn, »du nähst die Eier wieder zusammen und auch die jungen Vöglein, die darin sind, und zwar so, daß ihnen der Schuß nichts schadet!« Der Schneider holte seine Nadel und nähte, wie's der Vater verlangt hatte.

Als er fertig war, mußte der Dieb die Eier wieder auf den Baum ins Nest tragen und dem Vogel, ohne daß er es merkte, wieder unterlegen. Das Tierchen brütete sie vollends aus, und nach ein paar Tagen krochen die Jungen hervor und hatten da, wo sie vom Schneider zusammengenäht waren, ein rotes Streifchen um den Hals.

»Ja,« sprach der Alte zu seinen Söhnen, »ich muß euch über den grünen Klee loben. Ihr habt eure Zeit wohl benutzt und was Rechtschaffenes gelernt, ich kann nicht sagen, wem von euch der Vorzug gebührt. Wenn ihr nur bald Gelegenheit habt, eure Kunst anzuwenden, da wird sich's ausweisen.

Nicht lange danach kam großer Lärm ins Land, die Königstochter wäre von einem Drachen entführt worden. Der König war Tag und Nacht darüber in Sorgen und ließ bekannt machen, wer sie zurück brächte, sollte sie zur Gemahlin haben.

Die vier Brüder sprachen untereinander: »Das wäre eine Gelegenheit, wo wir uns könnten sehen lassen,« wollten zusammen ausziehen und die Königstochter befreien.

»Wo sie ist, will ich bald wissen,« sprach der Sterngukker, schaute durch sein Fernrohr und sprach: »Ich sehe sie schon, sie sitzt weit von hier auf einem Felsen im Meer und neben ihr der Drache, der sie bewacht!«

Da ging er zu dem König und bat um ein Schiff für sich und seine Brüder und fuhr mit ihnen über das Meer bis sie zu dem Felsen hinkamen. Die Königstochter saß da, aber der Drache lag in ihrem Schoß und schlief.

Der Jäger sprach: »Ich darf nicht schießen, ich würde die schöne Jungfrau zugleich töten!«

»So will ich mein Heil versuchen,« sagte der Dieb, schlich sich heran und stahl sie unter dem Drachen weg, aber so leis und behend, daß das Untier nichts merkte, sondern fortschnarchte.

Sie eilten voll Freude mit ihr aufs Schiff und steuerten in die offene See; aber der Drache, der bei seinem Erwachen die Königstochter nicht mehr gefunden hatte, hinter ihnen her und schnaubte wütend durch die Luft. Als er gerade über dem Schiff schwebte und sich herablassen wollte, legte der Jäger seine Büchse an und schoß ihn mitten ins Herz. Das Untier fiel tot herab, war aber so groß und gewaltig, daß es im Herabfallen das ganze Schiff zertrümmerte. Sie erhaschten glücklich noch ein paar Bretter und schwammen auf dem weiten Meer umher.

Da war wieder große Not, aber der Schneider, nicht faul, nahm seine wunderbare Nadel, nähte die Bretter mit ein paar großen Stichen in der Eile zusammen, setzte sich darauf und sammelte alle Stücke des Schiffs. Dann nähte er auch diese so geschickt zusammen, daß in kurzer Zeit das Schiff wieder segelfertig war und sie glücklich heimfahren konnten.

Als der König seine Tochter wieder erblickte, war große Freude. Er sprach zu den vier Brüdern: »Einer von euch soll sie zur Gemahlin haben; aber welcher das ist, macht

unter euch aus!« Da entstand ein heftiger Streit unter ihnen, denn jeder machte Ansprüche.

Der Sterngucker sprach: »Hätt ich nicht die Königstochter gesehen, so wären alle eure Künste umsonst gewesen, darum ist sie mein.«

Der Dieb sprach: »Was hätte das Sehen geholfen, wenn ich sie nicht unter dem Drachen weggeholt hätte! Darum ist sie mein!«

Der Jäger sprach: »Ihr wärt doch samt der Königstochter von dem Untier zerrissen worden, hätte es meine Kugel nicht getroffen, darum ist sie mein!«

Der Schneider sprach. »Und hätte ich euch mit meiner Kunst nicht das Schiff wieder zusammengeflickt, ihr wäret alle jämmerlich ertrunken, darum ist sie mein!«

Da tat der König den Ausspruch: »Jeder von euch hat ein gleiches Recht, und weil ein jeder die Jungfrau nicht haben kann, so soll sie keiner von euch haben; aber ich will jedem zur Belohnung ein halbes Königreich geben!«

Den Brüdern gefiel diese Entscheidung, und sie sprachen: »Es ist besser so, als daß wir uneins werden.« Da erhielt jeder ein halbes Königreich, und sie lebten mit ihrem Vater in aller Glückseligkeit, so lange es Gott gefiel.

Der Geist im Glas

Es war einmal ein armer Holzhacker, der arbeitete vom Morgen bis in die späte Nacht. Als er sich endlich etwas Geld zusammengespart hatte, sprach er zu seinem Jungen: »Du bist mein einziges Kind, ich will das Geld, das ich mit saurem Schweiß erworben habe, zu deinem Unterricht anwenden; lernst du etwas Rechtschaffenes, so kannst du mich im Alter ernähren, wenn meine Glieder steif geworden sind, und ich daheim sitzen muß.«

Da ging der Junge auf eine hohe Schule und lernte fleißig, so daß ihn seine Lehrer rühmten, und blieb eine Zeitlang dort. Als er ein paar Schulen durchgelernt hatte, doch aber noch nicht in allem vollkommen war, so war das bißchen Armut, das der Vater erworben hatte, drauf gegangen, und er mußte wieder zu ihm heimkehren.

»Ach«, sprach der Vater betrübt, »ich kann dir nichts mehr geben und kann in der teuern Zeit auch keinen Heller mehr verdienen als das tägliche Brot.« »Lieber Vater«, antwortete der Sohn, »macht Euch darüber keine Gedanken, wenn's Gottes Wille also ist, so wird's zu

meinem Besten ausschlagen; ich will mich schon drein schicken.«

Als der Vater hinaus in den Wald wollte, um etwas am Malterholz (am Zuhauen und Aufrichten) zu verdienen, so sprach der Sohn: »Ich will mit Euch gehen und Euch helfen.« »Ja, mein Sohn«, sagte der Vater, »das sollte dir beschwerlich ankommen, du bist an harte Arbeit nicht gewöhnt, du hältst das nicht aus; ich habe auch nur eine Axt und kein Geld übrig, um noch eine zu kaufen.« »Geht nur zum Nachbar«, antwortete der Sohn, »der leiht Euch seine Axt so lange, bis ich mir selbst eine verdient habe.«

Da borgte der Vater beim Nachbar eine Axt, und am andern Morgen bei Anbruch des Tags, gingen sie zusammen hinaus in den Wald. Der Sohn half dem Vater und war ganz munter und frisch dabei.

Als nun die Sonne über ihnen stand, sprach der Vater: »Wir wollen rasten und Mittag halten, hernach geht's noch einmal so gut.« Der Sohn nahm sein Brot in die Hand und sprach: »Ruht Euch nur aus, Vater, ich bin nicht müde, ich will in dem Wald ein wenig auf und ab gehen und Vogelnester suchen.« »O du Geck«, sprach der Vater »was willst du da herumlaufen, hernach bist du müde und kannst den Arm nicht mehr aufheben; bleib hier und setze dich zu mir.«

Der Sohn aber ging in den Wald, aß sein Brot, war ganz fröhlich und sah in die grünen Zweige hinein, ob er etwa ein Nest entdeckte. So ging er hin und her, bis er endlich zu einer großen gefährlichen Eiche kam, die gewiß schon viele hundert Jahre alt war, und die keine fünf Menschen umspannt hätten. Er blieb stehen und sah sie an und dachte: »Es muß doch mancher Vogel sein Nest hineingebaut haben.«

Da deuchte ihn auf einmal, als hörte er eine Stimme. Er horchte und vernahm, wie es mit so einem recht dumpfen Ton rief: »Laß mich heraus, laß mich heraus!« Er sah sich rings um, konnte aber nichts entdecken, doch es war ihm, als ob die Stimme unten aus der Erde hervorkäme. Da rief er: »Wo bist du?« Die Stimme antwortete: »Ich stecke da unten bei den Eichwurzeln. Laß mich heraus, laß mich heraus!«

Der Schüler fing an, unter dem Baum aufzuräumen und bei den Wurzeln zu suchen, bis er endlich in einer kleinen Höhlung eine Glasflasche entdeckte. Er hob sie in die Höhe und hielt sie gegen das Licht, da sah er ein Ding, gleich einem Frosch gestaltet, das sprang darin auf und nieder. »Laß mich heraus, laß mich heraus«, rief's von neuem, und der Schüler, der an nichts Böses dachte, nahm den Pfropfen von der Flasche ab.

Alsbald stieg ein Geist heraus und fing an zu wachsen und wuchs so schnell, daß er in wenigen Augenblicken als ein entsetzlicher Kerl, so groß wie der halbe Baum, vor dem Schüler stand. »Weißt du«, rief er mit einer fürchterlichen Stimme, »was dein Lohn dafür ist, daß du mich herausgelassen hast?« »Nein«, antwortete der Schüler ohne Furcht, »wie soll ich das wissen?« »So will ich dir's sagen«, rief der Geist, »den Hals muß ich dir dafür brechen.«

»Das hättest du mir früher sagen sollen«, antwortete der Schüler, »so hätte ich dich stecken lassen; mein Kopf aber soll vor dir wohl feststehen, da müssen mehr Leute gefragt werden.« »Mehr Leute hin, mehr Leute her«, rief der Geist, »deinen verdienten Lohn, den sollst du haben. Denkst du, ich wäre aus Gnade da so lange Zeit eingeschlossen worden, nein, es war zu meiner Strafe; ich bin der großmächtige Merkurius, wer mich losläßt, dem muß ich den Hals brechen.«

»Sachte«, antwortete der Schüler, »so geschwind geht das nicht, erst muß ich auch wissen, daß du wirklich in der kleinen Flasche gesessen hast, und daß du der rechte Geist bist; kannst du auch wieder hinein, so will ich's glauben, und dann magst du mit mir anfangen, was du willst.« Der Geist sprach voll Hochmut: »Das ist eine geringe Kunst«, zog sich zusammen und machte sich so dünn und klein, wie er anfangs gewesen war, also daß er

durch dieselbe Öffnung und durch den Hals der Flasche wieder hineinkroch. Kaum aber war er darin, so drückte der Schüler den abgezogenen Pfropfen wieder auf und warf die Flasche unter die Eichwurzeln an ihren alten Platz, und der Geist war betrogen.

Nun wollte der Schüler zu seinem Vater zurückgehen, aber der Geist rief ganz kläglich: »Ach, laß mich doch heraus, laß mich doch heraus!« »Nein«, antwortete der Schüler, »zum zweitenmal nicht: wer mir einmal nach dem Leben gestrebt hat, den lass' ich nicht los, wenn ich ihn wieder eingefangen habe.«

»Wenn du mich frei machst«, rief der Geist, »so will ich dir so viel geben, daß du dein Lebtag genug hast.« »Nein«, antwortete der Schüler, »du würdest mich betrügen wie das erste Mal.« »Du verscherzest dein Glück«, sprach der Geist, »ich will dir nichts tun, sondern dich reichlich belohnen.« Der Schüler dachte: »Ich will's wagen, vielleicht hält er Wort, und anhaben soll er mir doch nichts.«

Da nahm er den Pfropfen ab, und der Geist stieg wie das vorige Mal heraus, dehnte sich auseinander und ward groß wie ein Riese. »Nun sollst du deinen Lohn haben«, sprach er und reichte dem Schüler einen kleinen Lappen, ganz wie ein Pflaster, und sagte: »Wenn du mit dem einen Ende eine Wunde bestreichst, so heilt sie; und wenn du mit dem andern Ende Stahl und Eisen bestreichst, so wird es in Silber verwandelt.« »Das muß ich erst versuchen«, sprach der Schüler, ging an einen Baum, ritzte die Rinde mit seiner Axt und bestrich sie mit dem einen Ende des Pflasters; alsbald schloß sie sich wieder zusammen und war geheilt. »Nun, es hat seine Richtigkeit«, sprach er zum Geist, »jetzt können wir uns trennen.« Der Geist dankte ihm für seine Erlösung, und der Schüler dankte dem Geist für sein Geschenk und ging zurück zu seinem Vater.

»Wo bist du herumgelaufen?« sprach der Vater, »warum hast du die Arbeit vergessen? Ich habe es ja gleich gesagt, daß du nichts zustande bringen würdest.« »Gebt Euch zufrieden, Vater, ich will's nachholen.« »Ja, nachholen«, sprach der Vater zornig, »das hat keine Art.«

»Habt acht, Vater, den Baum da will ich gleich umhauen, daß er krachen soll.« Da nahm er sein Pflaster, bestrich die Axt damit und tat einen gewaltigen Hieb: aber weil das Eisen in Silber verwandelt war, so legte sich die Schneide um. »Ei, Vater, seht einmal, was habt Ihr mir für eine schlechte Axt gegeben, die ist ganz schief geworden.« Da erschrak der Vater und sprach: »Ach, was hast du gemacht! Nun muß ich die Axt bezahlen und weiß nicht, womit; das ist der Nutzen, den ich von deiner Arbeit habe.« »Werdet nicht bös«, antwortete der Sohn, »die Axt will ich schon bezahlen.« »O, du Dummbart«, rief der Vater, »wovon willst du sie bezahlen? Du hast nichts, als was ich dir gebe; das sind Studentenkniffe, die dir im Kopf stecken, aber vom Holzhacken hast du keinen Verstand.«

Über ein Weilchen sprach der Schüler: »Vater, ich kann doch nichts mehr arbeiten, wir wollen lieber Feierabend machen.« »Ei was«, antwortete er, »meinst du, ich wollte die Hände in den Schoß legen wie du? Ich muß noch schaffen, du kannst dich aber heimpacken.« »Vater, ich bin zum erstenmal hier in dem Wald, ich weiß den Weg nicht allein, geht doch mit mir.«

Weil sich der Zorn gelegt hatte, so ließ der Vater sich endlich bereden und ging mit ihm heim. Da sprach er zum Sohn: »Geh und verkauf die verschändete Axt und sieh zu, was du dafür kriegst; das übrige muß ich verdienen, um sie dem Nachbar zu bezahlen.« Der Sohn nahm die Axt und trug sie in die Stadt zu einem Goldschmied, der probierte sie, legte sie auf die Waage und sprach: »Sie ist vierhundert Taler wert, so viel habe ich nicht bar.« Der Schüler sprach: »Gebt mir, was Ihr habt, das übrige will ich Euch borgen.«

Der Goldschmied gab ihm dreihundert Taler und blieb einhundert schuldig.

Darauf ging der Schüler heim und sprach: »Vater, ich habe Geld, geht und fragt, was der Nachbar für die Axt haben will.« »Das weiß ich schon«, antwortete der Alte, »einen Taler, sechs Groschen.« »So gebt ihm zwei Taler, zwölf Groschen, das ist das Doppelte und ist genug; seht Ihr, ich habe Geld im Überfluß«, und gab dem Vater einhundert Taler und sprach: »Es soll Euch niemals fehlen, lebt nach Eurer Bequemlichkeit.« »Mein Gott«, sprach der Alte, »wie bist du zu dem Reichtum gekommen?« Da erzählte er ihm, wie alles zugegangen wäre, und wie er im Vertrauen auf sein Glück einen so reichen Fang getan hätte. Mit dem übrigen Geld aber zog er wieder hin auf die hohe Schule und lernte weiter, und weil er mit seinem Pflaster alle Wunden heilen konnte, ward er der berühmteste Doktor auf der ganzen Welt.

Der Dreschflegel vom Himmel

Es zog einmal ein Bauer mit einem Paar Ochsen zum Pflügen aus. Als er auf den Acker kam, da fingen den beiden Tieren die Hörner an zu wachsen, wuchsen fort, und als er nach Hause wollte, waren sie so groß, daß er nicht mit zum Tore hinein konnte. Zu gutem Glück kam gerade ein Metzger daher, dem überließ er sie, und schlossen sie den Handel dergestalt, daß er dem Metzger ein Maß Rübsamen bringen, der wollt' ihm dann für jedes Korn einen Brabanter Taler aufzählen. Das heiß' ich gut verkauft!

Der Bauer ging nun heim und trug das Maß Rübsamen auf dem Rücken herbei; unterwegs verlor er aber aus dem Sack ein Körnchen. Der Metzger bezahlte ihn, wie gehandelt war, richtig aus; hätte der Bauer das Korn nicht verloren, so hätte er einen Brabanter Taler mehr gehabt.

Indessen, wie er wieder des Weges zurückkam, war aus dem Korn ein Baum gewachsen, der reichte bis an den Himmel. Da dachte der Bauer: »Weil die Gelegenheit da ist, mußt du doch sehen, was die Engel da droben machen, und ihnen einmal unter die Augen gucken.« Also stieg er hinauf und sah, daß die Engel oben Hafer droschen und schaute das mit an; wie er so schaute, merkte er, dass der Baum, worauf er stand, anfing zu wackeln, guckte hinunter und sah, daß ihn eben einer umhauen wollte.

»Wenn du da herabstürztest, das wär' ein böses Ding«, dachte er, und in der Not wußt' er sich nicht besser zu helfen, als dass er die Spreu vom Hafer nahm, die haufenweis' da lag, und daraus einen Strick drehte; auch griff er nach einer Hacke und einem Dreschflegel, die da herum im Himmel lagen, und ließ sich an dem Seil herunter.

Er kam aber unten auf der Erde gerade in ein tiefes Loch, und da war es ein rechtes Glück, daß er die Hacke hatte, denn er hackte sich damit eine Treppe, stieg in die Höhe und brachte den Dreschflegel zum Wahrzeichen mit, so daß niemand an seiner Erzählung mehr zweifeln konnte.

Das Wasser des Lebens

Es war einmal ein König, der war krank, und niemand glaubte, daß er mit dem Leben davonkäme. Er hatte aber drei Söhne, die waren darüber betrübt, gingen hinunter in den Schloßgarten und weinten. Da begegnete ihnen ein alter Mann, der fragte sie nach ihrem Kummer. Sie sagten ihm, ihr Vater wäre so krank, daß er wohl sterben würde; denn es wollte ihm nichts helfen.

Da sprach der Alte: »Ich weiß noch ein Mittel, das ist das Wasser des Lebens; wenn er davon trinkt, so wird er wieder gesund: es ist aber schwer zu finden.« Der älteste sagte: »Ich will es schon finden«, ging zum kranken König und bat ihn, er möchte ihm erlauben auszuziehen, um das Wasser des Lebens zu suchen, denn das könnte ihn allein heilen. »Nein«, sprach der König, »die Gefahr dabei ist zu groß, lieber will ich sterben.« Er bat aber so lange, bis der König einwilligte. Der Prinz dachte in seinem Herzen: »Bringe ich das Wasser, so bin ich meinem Vater der liebste und erbe das Reich.«

Also machte er sich auf, und als er eine Zeitlang fortgeritten war, stand da ein Zwerg auf dem Wege, der rief ihn an und sprach: »Wo hinaus so geschwind?« »Dummer Knirps«, sagte der Prinz ganz stolz, »das brauchst du nicht zu wissen«, und ritt weiter. Das kleine Männchen aber war zornig geworden und hatte einen bösen Wunsch getan. Der Prinz geriet bald hernach in eine Bergschlucht, und je weiter er ritt, je enger taten sich die Berge zusammen, und endlich ward der Weg so eng, daß er keinen Schritt weiter konnte; es war nicht möglich, das Pferd zu wenden oder aus dem Sattel zu steigen, und er saß da wie eingesperrt. Der kranke König wartete lange Zeit auf ihn, aber er kam

nicht. Da sagte der zweite Sohn: »Vater, laß mich ausziehen und das Wasser suchen«, und dachte bei sich: »Ist mein Bruder tot, so fällt das Reich mir zu.« Der König wollte ihn anfangs auch nicht ziehen lassen, endlich gab er nach. Der Prinz zog also auf demselben Weg fort, den sein Bruder eingeschlagen hatte, und begegnete auch dem Zwerg, der ihn anhielt und fragte, wohin er so eilig wollte. »Kleiner Knirps«, sagte der Prinz, »das brauchst du nicht zu wissen«, und ritt fort, ohne sich weiter umzusehen.

Aber der Zwerg verwünschte ihn, und er geriet wie der andere in eine Bergschlucht und konnte nicht vorwärts und rückwärts. So geht's aber den Hochmütigen.

Als auch der zweite Sohn ausblieb, so erbot sich der jüngste, auszuziehen und das Wasser zu holen, und der König mußte ihn endlich ziehen lassen. Als er dem Zwerg begegnete, und dieser fragte, wohin er so eilig wolle, so hielt er an, gab ihm Rede und Antwort und sagte: »Ich suche das Wasser des Lebens; denn mein Vater ist sterbenskrank.« »Weißt du auch, wo das zu finden ist?« »Nein«, sagte der Prinz. »Weil du dich betragen hast, wie sich's geziemt, nicht übermütig wie deine falschen Brüder, so will ich dir Auskunft geben und dir sagen, wie du zu dem Wasser des Lebens gelangst. Es quillt aus einem Brunnen in dem Hofe eines verwünschten Schlosses, aber du dringst nicht hinein, wenn ich dir nicht eine eiserne Rute gebe und zwei Laiberchen Brot. Mit der Rute schlag dreimal an das eiserne Tor des Schlosses, so wird es aufspringen: inwendig liegen zwei Löwen, die den Rachen aufsperren, wenn du aber jedem ein Brot hineinwirfst, so werden sie still, und dann eile dich und hol von dem Wasser des Lebens, bevor es zwölf schlägt, sonst schlägt das Tor wieder zu, und du bist eingesperrt.«

Der Prinz dankte ihm, nahm die Rute und das Brot und machte sich auf den Weg. Und als er anlangte, war alles so, wie der Zwerg gesagt hatte. Das Tor sprang beim dritten Rutenschlag auf, und als er die Löwen mit dem Brot besänftigt hatte, trat er in das Schloß und kam in einen großen schönen Saal. Darin saßen verwünschte Prinzen, denen zog er die Ringe vom Finger; dann lag da ein Schwert und ein Brot, das nahm er weg.

Und weiter kam er in ein Zimmer, darin stand eine schöne Jungfrau, die freute sich, als sie ihn sah, küßte ihn und sagte, er hätte sie erlöst und sollte ihr ganzes Reich haben, und wenn er in einem Jahre wiederkäme, so sollte ihre Hochzeit gefeiert werden. Dann sagte sie ihm auch, wo der Brunnen wäre mit dem Lebenswasser, er müßte sich aber eilen und daraus schöpfen, eh' es zwölf schlüge. Da ging er weiter und kam endlich in ein Zimmer, wo ein schönes frischgedecktes Bett stand, und weil er müde

war, wollt' er erst ein wenig ausruhen. Also legte er sich und schlief ein. Als er erwachte, schlug es drei Viertel auf zwölf. Da sprang er ganz erschrocken auf, lief zu dem Brunnen und schöpfte daraus mit einem Becher, der daneben stand, und eilte, daß er fortkam. Wie er eben zum eisernen Tor hinausging, da schlug's zwölf, und das Tor schlug so heftig zu, daß es ihm noch ein Stück von der Ferse wegnahm.

Er aber war froh, daß er das Wasser des Lebens erlangt hatte, ging heimwärts und kam wieder an dem Zwerg vorbei. Als dieser das Schwert und das Brot sah, sprach er: »Damit hast du großes Gut gewonnen, mit dem Schwert kannst du ganze Heere schlagen, das Brot aber wird niemals all!«

Der Prinz wollte ohne seine Brüder nicht zu dem Vater nach Haus kommen und sprach: »Lieber Zwerg, kannst du mir nicht sagen, wo meine zwei Brüder sind? Sie sind früher als ich nach dem Wasser des Lebens ausgezogen und sind nicht wiedergekommen.« »Zwischen zwei Bergen stecken sie eingeschlossen«, sprach der Zwerg, »dahin habe ich sie verwünscht, weil sie so übermütig waren. «Da bat der Prinz so lange, bis der Zwerg sie wieder losließ, aber er warnte ihn und sprach: »Hüte dich vor ihnen, sie haben ein böses Herz!«

Als seine Brüder kamen, freute er sich und erzählte ihnen, wie es ihm ergangen wäre, daß er das Wasser des Lebens gefunden und einen Becher voll mitgenommen und eine schöne Prinzessin erlöst hätte, die wollte ein Jahr lang auf ihn warten, dann sollte Hochzeit gehalten werden, und er bekäme ein großes Reich. Danach ritten sie zusammen fort und gerieten in ein Land, wo Hunger und Krieg war, und der König glaubte schon, er müßte verderben, so groß war die Not.

Da ging der Prinz zu ihm und gab ihm das Brot, womit er sein ganzes Reich speiste und sättigte; und dann gab ihm der Prinz auch das Schwert, damit schlug er die Heere seiner Feinde und konnte nun in Ruhe und Frieden leben. Da nahm der Prinz sein Brot und Schwert wieder zurück, und die drei Brüder ritten weiter. Sie kamen aber noch in zwei Länder, wo Hunger und Krieg herrschten, und da gab der Prinz den Königen jedesmal sein Brot und Schwert und hatte nun drei Reiche gerettet.

Und danach setzten sie sich auf ein Schiff und fuhren übers Meer. Während der Fahrt, da sprachen die beiden ältesten unter sich: »Der jüngste hat das Wasser des Lebens gefunden und wir nicht, dafür wird ihm unser Vater das Reich geben, das uns gebührt, und er wird unser Glück wegnehmen.« Da wurden sie rachsüchtig und verabredeten miteinander, daß sie ihn verderben wollten. Sie warteten, bis er einmal fest eingeschlafen war, da gossen sie das Wasser des Lebens aus dem Becher und nahmen es für sich, ihm aber gossen sie bitteres Meerwasser hinein.

Als sie nun daheim ankamen, brachte der jüngste dem kranken König seinen Becher, damit er daraus trinken und gesund werden sollte. Kaum aber hatte er ein wenig von dem bittern Meerwasser getrunken, so ward er noch kränker als zuvor. Und wie er darüber jammerte, kamen die beiden ältesten Söhne und klagten den jüngsten an, er hätte ihn vergiften wollen, sie brächten ihm das rechte Wasser des Lebens, und reichten es ihm.

Kaum hatte er davon getrunken, so fühlte er seine Krankheit verschwinden und war stark und gesund wie in seinen jungen Tagen. Danach gingen die beiden zu dem jüngsten, verspotteten ihn und sagten: »Du hast zwar das Wasser des Lebens gefunden, aber du hast die Mühe gehabt und wir den Lohn; du hättest klüger sein und die Augen aufbehal-

ten sollen, wir haben dir's genommen, während du auf dem Meere eingeschlafen warst, und übers Jahr, da holt sich einer von uns die schöne Königstochter. Aber hüte dich, daß du nichts davon verrätst, der Vater glaubt dir doch nicht, und wenn du ein einziges Wort sagtst, so sollst du noch obendrein dein Leben verlieren, schweigst du aber, so soll dir's geschenkt sein.«

Der alte König war zornig über seinen jüngsten Sohn und glaubte, er hätte ihm nach dem Leben getrachtet. Also ließ er den Hof versammeln und das Urteil über ihn sprechen, daß er heimlich sollte erschossen werden. Als der Prinz nun einmal auf die Jagd ritt und nichts Böses vermutete, mußte des Königs Jäger mitgehen. Draußen, als sie ganz allein im Wald waren, und der Jäger so traurig aussah, sagte der Prinz zu ihm: »Lieber Jäger, was fehlt dir?« Der Jäger sprach: »Ich kann's nicht sagen und soll es doch.« Da sprach der Prinz: »Sage heraus, was es ist, ich will dir's verzeihen.« »Ach«, sagte der Jäger, »ich soll Euch totschießen, der König hat mir's befohlen.« Da erschrak der Prinz und sprach: »Lieber Jäger, laß mich leben, da geb' ich dir mein königliches Kleid, gib mir dafür dein schlechtes.« Der Jäger sagte: »Das will ich gerne tun, ich hätte doch nicht nach Euch schießen können.« Da tauschten sie die Kleider, und der Jäger ging heim, der Prinz aber ging weiter in den Wald hinein.

Über eine Zeit, da kamen zu dem alten König drei Wagen mit Gold und Edelsteinen für seinen jüngsten Sohn: sie waren aber von den drei Königen geschickt, die mit des Prinzen Schwert die Feinde geschlagen und mit seinem Brot ihr Land ernährt hatten, und die sich dankbar bezeigen wollten. Da dachte der alte König: »Sollte mein Sohn unschuldig gewesen sein?« und sprach zu seinen Leuten: »Wäre er noch am Leben, wie tut mir's so leid, daß ich ihn habe töten lassen.« »Er lebt noch«, sprach der Jäger, »ich konnte es nicht übers Herz bringen, Euern Befehl auszuführen«, und sagte dem König, wie es zugegangen war. Da fiel dem König ein Stein von dem Herzen, und er ließ in allen Reichen verkündigen, sein Sohn dürfte wiederkommen und sollte in Gnaden aufgenommen werden.

Die Königstochter aber ließ eine Straße vor ihrem Schloß machen, die war ganz golden und glänzend, und sagte ihren Leuten, wer darauf geradeswegs zu ihr geritten käme, das wäre der rechte, und den sollten sie einlassen, wer aber daneben käme, der wäre der rechte nicht, und den sollten sie auch nicht einlassen.

Als nun die Zeit bald herum war, dachte der älteste, er wollte sich eilen, zur Königstochter gehen und sich für ihren Erlöser ausgeben, da bekäme er sie zur Gemahlin und das Reich daneben. Also ritt er fort, und als er vor das Schloß kam und die schöne goldene Straße sah, dachte er: »Das wäre jammerschade, wenn du darauf rittest«, lenkte ab und ritt rechts nebenher. Wie er aber vor das Tor kam, sagten die Leute zu ihm, er wäre der rechte nicht, er sollte wieder fortgehen. Bald darauf machte sich der zweite Prinz auf, und wie der zur goldenen Straße kam, und das Pferd den einen Fuß darauf gesetzt hatte, dachte er: »Es wäre jammerschade, das könnte etwas abtreten,« lenkte ab und ritt links nebenher. Wie er aber vor das Tor kam, sagten die Leute, er wäre der rechte nicht, er sollte wieder fortgehen.

Als nun das Jahr ganz herum war, wollte der dritte aus dem Wald fort zu seiner Liebsten reiten und bei ihr sein Leid vergessen. Also machte er sich auf und dachte immer an sie und wäre gerne schon bei ihr gewesen und sah die goldene Straße gar nicht. Da ritt sein Pferd mitten darüber hin, und als er vor das Tor kam, ward es aufgetan, und die Königstochter empfing ihn mit Freuden und sagte, er wäre ihr Erlöser und der Herr des Königreichs, und ward die Hochzeit gehalten mit großer Glückseligkeit.

Und als sie vorbei war, erzählte sie ihm, daß sein Vater ihn zu sich entboten und ihm verziehen hätte. Da ritt er hin und sagte ihm alles, wie seine Brüder ihn betrogen, und er doch dazu geschwiegen hätte. Der alte König wollte sie strafen, aber sie hatten sich aufs Meer gesetzt und waren fortgeschifft und kamen ihr Lebtag nicht wieder.

Die Alte im Wald

Es fuhr einmal ein armes Dienstmädchen mit seiner Herrschaft durch einen großen Wald, und als sie mitten darin waren, kamen Räuber aus dem Dickicht hervor und ermordeten, wen sie fanden. Da kamen alle miteinander um bis auf das Mädchen, das war in der Angst aus dem Wagen gesprungen und hatte sich hinter einen Baum verborgen. Wie die Räuber mit ihrer Beute fortwaren, trat es herbei und sah das große Unglück. Da fing es an, bitterlich zu weinen, und sagte: »Was soll ich armes Mädchen nun anfangen, ich weiß mich nicht aus dem Wald herauszufinden, keine Menschenseele wohnt darin; so muß ich gewiß verhungern.« Es ging herum, suchte einen Weg, konnte aber keinen finden.

Als es Abend war, setzte es sich unter einen Baum, befahl sich Gott und wollte da sitzen bleiben und nicht weggehen, möchte geschehen, was immer wollte. Als es aber eine Weile da gesessen hatte, kam ein weiß Täubchen zu ihm geflogen und hatte ein kleines goldenes Schlüsselchen im Schnabel. Das Schlüsselchen legte es

ihm in die Hand und sprach: »Siehst du dort den großen Baum, daran ist ein kleines Schloß, das schließ mit dem Schlüsselchen auf, so wirst du Speise genug finden und keinen Hunger mehr leiden.« Da ging es zu dem Baum und schloß ihn auf und fand Milch in einem kleinen Schüsselchen und Weißbrot zum Einbrocken dabei, daß es sich satt essen konnte. Als es satt war, sprach es: »Jetzt ist es Zeit, wo die Hühner daheim auffliegen, ich bin so müde, könnt' ich mich doch auch in mein Bett legen.« Da kam das Täubchen wieder geflogen und brachte ein anderes goldenes Schlüsselchen im Schnabel und sagte: »Schließ dort den Baum auf, so wirst du ein Bett finden.« Da schloß es auf und fand ein schönes weiches Bettchen; da betete es zum lieben Gott, er möchte es behüten in der Nacht, legte sich und schlief ein.

Am Morgen kam das Täubchen zum drittenmal, brachte wieder ein Schlüsselchen und sprach: »Schließ dort den Baum auf, da wirst du Kleider finden«, und wie es aufschloß, fand es Kleider mit Gold und Edelsteinen besetzt, so herrlich, wie sie keine Königstochter hat. Also lebte es da eine Zeitlang, und kam das Täubchen alle Tage und sorgte für alles, was es bedurfte, und war das ein stilles, gutes Leben.

Einmal aber kam das Täubchen und sprach: »Willst du mir etwas zuliebe tun?« »Von Herzen gerne«, sagte das Mädchen. Da sprach das Täubchen: »Ich will dich zu einem kleinen Häuschen führen, da geh hinein, mittendrein am Herd wird eine alte Frau sitzen und ›Guten Tag‹ sagen. Aber gib ihr beileibe keine Antwort, sie mag auch anfangen, was sie will, sondern geh zu ihrer rechten Hand weiter, da ist eine Türe, die mach auf, so wirst du in eine Stube kommen, wo eine Menge von Ringen allerlei Art auf dem Tisch liegt, darunter sind prächtige mit glitzerigen Steinen, die laß aber liegen und suche einen schlichten heraus, der auch darunter sein muß, und bring ihn zu mir her, so geschwind du kannst.«

Das Mädchen ging zu dem Häuschen und trat zu der Türe ein; da saß eine Alte, die machte große Augen, wie sie es erblickte, und sprach: »Guten Tag, mein Kind!« Es gab ihr aber keine Antwort und ging auf die Türe zu. »Wo hinaus?« rief sie und faßte es beim Rock und wollte es festhalten, »das ist mein Haus, da darf niemand herein, wenn ich's nicht haben will.« Aber das Mädchen schwieg still, machte sich von ihr los und ging gerade in die Stube hinein. Da lag nun auf dem Tisch eine übergroße Menge von Ringen, die glitzerten und glimmerten ihm vor den Augen; es warf sie herum und suchte nach dem schlichten, konnte ihn aber nicht finden. Wie es so suchte, sah es die Alte, wie sie daherschlich und einen Vogelkäfig in der Hand hatte und damit fortwollte. Da ging es auf sie zu und nahm ihr den Käfig aus der Hand, und wie es ihn aufhob und hineinsah, saß ein Vogel darin, der hatte den schlichten Ring im Schnabel.

Da nahm es den Ring und lief ganz froh damit zum Haus hinaus und dachte, das weiße Täubchen würde kommen

und den Ring holen, aber es kam nicht. Da lehnte es sich an einen Baum und wollte auf das Täubchen warten, und wie es so stand, da war es, als würde der Baum weich und biegsam und senkte seine Zweige herab. Und auf einmal schlangen sich die Zweige um es herum und waren zwei Arme, und wie es sich umsah, war der Baum ein schöner Mann, der es umfaßte und herzlich küßte und sagte: »Du hast mich erlöst und aus der Gewalt der Alten befreit, die eine böse Hexe ist. Sie hatte mich in einen Baum verwandelt, und alle Tage ein paar Stunden war ich eine weiße Taube, und solange sie den Ring besaß, konnte ich meine menschliche Gestalt nicht wieder erhalten.«

Da waren auch seine Bedienten und Pferde von dem Zauber frei, die sie auch in Bäume verwandelt hatte, und standen neben ihm. Da fuhren sie fort in sein Reich; denn er war eines Königs Sohn, und sie heirateten sich und lebten glücklich.

Die sechs Diener

Vor Zeiten lebte eine alte Königin, die war eine Zauberin, und ihre Tochter war das schönste Mädchen unter der Sonne. Die Alte dachte aber auf nichts, als wie sie die Menschen ins Verderben locken könnte, und wenn ein Freier kam, so sprach sie, wer ihre Tochter haben wollte, müßte zuvor einen Bund (eine Aufgabe) lösen, oder er müßte sterben. Viele waren von der Schönheit der Jungfrau verblendet und wagten es wohl, aber sie konnten nicht vollbringen, was die Alte ihnen auflegte, und dann war keine Gnade; sie mußten niederknien, und das Haupt ward ihnen abgeschlagen.

Ein Königssohn, der hatte auch von der großen Schönheit der Jungfrau gehört und sprach zu seinem Vater: »Laßt mich hinziehen, ich will um sie werben.« »Nimmermehr«, antwortete der König, »gehst du fort, so gehst du in deinen Tod.« Da legte der Sohn sich nieder und ward sterbenskrank und lag sieben Jahre lang, und kein Arzt konnte ihm helfen. Als der Vater sah, daß keine Hoffnung mehr war, sprach er voll Herzenstraurigkeit zu ihm: »Zieh hin und versuche dein Glück, ich weiß dir

sonst nicht zu helfen.« Wie der Sohn das hörte, stand er auf von seinem Lager, ward gesund und machte sich fröhlich auf den Weg.

Es trug sich zu, als er über eine Heide zu reiten kam, daß er von weitem auf der Erde etwas liegen sah wie einen großen Heuhaufen, und wie er sich näherte, konnte er unterscheiden, daß es der Bauch eines Menschen war, der sich dahingestreckt hatte; der Bauch aber sah aus wie ein kleiner Berg. Der Dicke, wie er den Reisenden erblickte, richtete sich in die Höhe und sprach: »Wenn Ihr jemand braucht, so nehmt mich in Eure Dienste.« Der Königssohn antwortete: »Was soll ich mit einem so ungefügen Mann anfangen?« »O«, sprach der Dicke, »das will nichts sagen, wenn ich mich recht auseinandertue, bin ich noch dreitausendmal so dick.« »Wenn das ist«, sagte der Königssohn, »so kann ich dich brauchen, komm mit mir.«

Da ging der Dicke hinter dem Königssohn her, und über eine Weile fanden sie einen andern, der lag da auf der Erde und hatte das Ohr auf den Rasen gelegt. Fragte der Königssohn: »Was machst du da?« »Ich horche«, antwortete der Mann. »Wonach horchst du so aufmerksam?« »Ich horche nach dem, was eben in der Welt sich zuträgt; denn meinen Ohren entgeht nichts, das Gras sogar hör' ich wachsen.« Fragte der Königssohn: »Sage mir, was hörst du am Hofe der alten Königin, welche die schöne Tochter hat?« Da antwortete er: »Ich höre das Schwert sausen, das einem Freier den Kopf abschlägt.« Der Königssohn sprach: »Ich kann dich brauchen, komm mit mir.«

Da zogen sie weiter und sahen einmal ein paar Füße da liegen und auch etwas von den Beinen, aber das Ende konnten sie nicht sehen. Als sie eine gute Strecke fortgegangen waren, kamen sie zu dem Leib und endlich auch zu dem Kopf. »Ei«, sprach der Königssohn, »was bist du für ein langer Strick!« »O«, antwortete der Lange, »das ist noch gar nichts, wenn ich meine Gliedmaßen erst recht ausstrecke, bin ich noch dreitausendmal so lang und bin größer als der höchste Berg auf Erden. Ich will Euch gerne dienen, wenn Ihr mich annehmen wollt.« »Komm mit«, sprach der Königssohn, »ich kann dich brauchen.« Sie zogen weiter und fanden einen am Weg sitzen, der hatte die Augen zugebunden. Sprach der Königssohn zu ihm: »Hast du blöde Augen, daß du nicht in das Licht sehen kannst?« »Nein«, antwortete der Mann, »ich darf die Binde nicht abnehmen; denn was ich mit meinen Augen ansehe, das springt auseinander, so gewaltig ist mein Blick. Kann Euch das nützen, so will ich Euch gern dienen.« »Komm mit«, antwortete der Königssohn, »ich kann dich brauchen.«

Sie zogen weiter und fanden einen Mann, der lag mitten im heißen Sonnenschein und zitterte und fror am ganzen Leibe, so daß ihm kein Glied still stand. »Wie kannst du frieren?« sprach der Königssohn, »und die Sonne scheint so warm.« »Ach«, antwortete der Mann, »meine Natur ist ganz anderer Art, je heißer es ist, desto mehr frier' ich, und der Frost dringt mir durch alle Knochen: und je kälter es ist, desto heißer wird mir: mitten im Eis kann ich's vor Hitze und mitten im Feuer vor Kälte nicht aushalten.« »Du bist ein wunderlicher Kerl«, sprach der Königssohn, »aber wenn du mir dienen willst, so komm mit.«

Nun zogen sie weiter und sahen einen Mann stehen, der machte einen langen Hals, schaute sich um und schaute über alle Berge hinaus. Sprach der Königssohn: »Wonach siehst du so eifrig?« Der Mann antwortete: »Ich habe so helle Augen, daß ich über alle Wälder und Felder, Täler und Berge hinaus und durch die ganze Welt sehen kann.« Der Königssohn sprach: »Willst du, so komm mit mir; denn so einer fehlte mir noch.«

Nun zog der Königssohn mit seinen sechs Dienern in die Stadt ein, wo die alte Königin lebte. Er sagte nicht, wer er wäre, aber er sprach: »Wollt Ihr mir Eure schöne Tochter geben, so will ich vollbringen, was Ihr mir auferlegt.« Die Zauberin freute sich, daß ein so schöner Jüngling wieder in ihre Netze fiel, und sprach: »Dreimal will ich dir einen Bund aufgeben, lösest du ihn jedesmal, so sollst du der Herr und Gemahl meiner Tochter werden.« »Was soll das erste sein?« fragte er. »Daß du mir meinen Ring herbeibringst, den ich ins Rote Meer habe fallen lassen.« Da ging der Königssohn heim zu seinen Dienern und sprach: »Der erste Bund ist nicht leicht, ein Ring soll aus dem Roten Meer geholt werden, nun schafft Rat.« Da sprach der mit hellen Augen: »Ich will sehen, wo er liegt«, schaute in das Meer hinab und sagte: »Dort hängt er an einem spitzen Stein.« Der Lange trug sie hin und sprach: »Ich wollte ihn wohl herausholen, wenn ich ihn nur sehen könnte.« »Wenn's weiter nichts ist«, rief der Dicke, legte sich nieder und hielt seinen Mund ans Wasser; da fielen die Wellen hinein wie in einen Abgrund, und er trank das ganze Meer aus, daß es trocken ward wie eine Wiese. Der Lange bückte sich ein wenig und holte den Ring mit der Hand heraus. Da ward der Königssohn froh, als er den Ring hatte, und brachte ihn der Alten.

Sie erstaunte und sprach: »Ja, es ist der rechte Ring; den ersten Bund hast du glücklich gelöst, aber nun kommt der zweite. Siehst du, dort auf der Wiese vor meinem Schlosse, da weiden dreihundert fette Ochsen, die mußt du mit Haut und Haar, Knochen und Hörnern verzehren; und unten im Keller liegen dreihundert Fässer Wein, die mußt du dazu austrinken; und bleibt von den Ochsen ein Haar und von dem Wein ein Tröpfchen übrig, so ist mir dein Leben verfallen.« Sprach der Königssohn:

»Darf ich mir keine Gäste dazu laden? Ohne Gesellschaft schmeckt keine Mahlzeit.« Die Alte lachte boshaft und antwortete: »Einen darfst du dir dazu laden, damit du Gesellschaft hast, aber weiter keinen.«

Da ging der Königssohn zu seinen Dienern und sprach zu dem Dicken: »Du sollst heute mein Gast sein und dich einmal satt essen.« Da tat sich der Dicke voneinander und aß die dreihundert Ochsen, daß kein Haar übrig blieb, und fragte, ob weiter nichts als das Frühstück da wäre; den Wein trank er gleich aus den Fässern, ohne daß er ein Glas nötig hatte, und trank den letzten Tropfen vom Nagel herunter. Als die Mahlzeit zu Ende war, ging der Königssohn zur Alten und sagte ihr, der zweite Bund wäre gelöst. Sie verwunderte sich und sprach: »So weit hat's noch keiner gebracht, aber es ist noch ein Bund übrig«, und dachte: »Du sollst mir nicht entgehen und wirst deinen Kopf nicht oben behalten.« »Heut abend«, sprach sie, »bring' ich meine Tochter zu dir in deine Kammer, und du sollst sie mit deinem Arm umschlingen; und wenn ihr da beisammensitzt, so hüte dich, daß du nicht einschläfst. Ich komme Schlag zwölf Uhr, und ist sie dann nicht mehr in deinen Armen, so hast du verloren.« Der Königssohn dachte: »Der Bund ist leicht, ich will wohl meine Augen offen behalten«, doch rief er seine Diener, erzählte ihnen, wie die Alte gesagt hatte, und sprach: »Wer weiß, was für eine List dahintersteckt. Vorsicht ist gut, haltet Wache und sorgt, daß die Jungfrau nicht wieder aus meiner Kammer kommt.«

Als die Nacht einbrach, kam die Alte mit ihrer Tochter und führte sie in die Arme des Königssohns, und dann schlang sich der Lange um sie beide in einen Kreis, und der Dicke stellte sich vor die Türe, also daß keine lebendige Seele herein konnte. Da saßen sie beide, und die

Jungfrau sprach kein Wort, aber der Mond schien durchs Fenster auf ihr Angesicht, daß er ihre wunderbare Schönheit sehen konnte. Er tat nichts als sie anschauen, war voll Freude und Liebe, und es kam keine Müdigkeit in seine Augen. Das dauerte bis elf Uhr, da warf die Alte einen Zauber über alle, daß sie einschliefen, und in dem Augenblick war auch die Jungfrau entrückt.

Nun schliefen sie hart bis ein Viertel vor zwölf, da war der Zauber kraftlos, und sie erwachten alle wieder. »O Jammer und Unglück«, rief der Königssohn, »nun bin ich verloren!« Die treuen Diener fingen auch an zu klagen, aber der Horcher sprach: »Seid still, ich will horchen«, da horchte er einen Augenblick, und dann sprach er: »Sie sitzt in einem Felsen dreihundert Stunden von hier und bejammert ihr Schicksal. Du allein kannst helfen, Langer, wenn du dich aufrichtest, so bist du mit ein paar Schritten dort.« »Ja«, antwortete der Lange, »aber der mit den scharfen Augen muß mitgehen, damit wir den Felsen wegschaffen.«

Da huckte der Lange den mit verbundenen Augen auf, und im Augenblick, wie man eine Hand umwendet, waren sie vor dem verwünschten Felsen. Alsbald nahm der

Lange dem andern die Binde von den Augen, der sich nur umschaute, so zersprang der Felsen in tausend Stükke. Da nahm der Lange die Jungfrau auf den Arm, trug sie in einem Nu zurück, holte ebenso schnell auch noch seinen Kameraden, und eh' es zwölfe schlug, saßen sie alle wieder wie vorher und waren munter und guter Dinge.

Als es zwölfe schlug, kam die alte Zauberin herbeigeschlichen, machte ein höhnisches Gesicht, als wollte sie sagen: »Nun ist er mein«, und glaubte, ihre Tochter säße dreihundert Stunden weit im Felsen. Als sie aber ihre Tochter in den Armen des Königssohns erblickte, erschrak sie und sprach: »Da ist einer, der kann mehr als ich.« Aber sie durfte nichts einwenden und mußte ihm die Jungfrau zusagen. Da sprach sie ihr ins Ohr: »Schande für dich, daß du gemeinem Volk gehorchen sollst und dir einen Gemahl nicht nach deinem Gefallen wählen darfst.«

Da ward das stolze Herz der Jungfrau mit Zorn erfüllt und sann auf Rache. Sie ließ am andern Morgen dreihundert Malter Holz zusammenfahren und sprach zu dem Königssohn, die drei Bünde wären gelöst, sie würde aber nicht eher seine Gemahlin werden, bis einer bereit wäre, sich mitten in das Holz zu setzen und das Feuer auszuhalten. Sie dachte, keiner seiner Diener würde sich für ihn verbrennen, und aus Liebe zu ihr würde er selber sich hineinsetzen, und dann wäre sie frei. Die Diener aber sprachen: »Wir haben alle etwas getan, nur der Frostige noch nicht, der muß auch daran«, setzten ihn mitten auf den Holzstoß und steckten ihn an. Da begann das Feuer zu brennen und brannte drei Tage, bis alles Holz verzehrt war, und als die Flammen sich legten, stand der Frostige mitten in der Asche, zitterte wie ein Espenlaub und sprach: »Einen solchen Frost hab' ich mein Lebtage nicht ausgehalten, und wenn er länger gedauert hätte, so wäre ich erstarrt.«

Nun war keine Aussicht mehr zu finden, die schöne Jungfrau mußte den unbekannten Jüngling zum Gemahl nehmen.

Als sie aber nach der Kirche fuhren, sprach die Alte: »Ich kann die Schande nicht ertragen«, und schickte ihr Kriegsvolk nach, das sollte alles niedermachen, was ihm vorkäme, und ihr die Tochter zurückbringen. Der Horcher aber hatte die Ohren gespitzt und die heimlichen Reden der Alten vernommen. »Was fangen wir an?« sprach er zu dem Dicken, aber der wußte Rat, spie einmal oder zweimal hinter dem Wagen einen Teil von dem Meerwasser aus, das er getrunken hatte, da entstand ein großer See, worin die Kriegsvölker stecken blieben und ertranken.

Als die Zauberin das vernahm, schickte sie ihre geharnischten Reiter, aber der Horcher hörte das Rasseln ihrer Rüstung und band dem einen die Augen auf, der guckte die Feinde ein bißchen scharf an, da sprangen sie auseinander wie Glas. Nun fuhren sie ungestört weiter, und als die beiden in der Kirche eingesegnet waren, nahmen die sechs Diener ihren Abschied und sprachen zu ihrem Herrn: »Eure Wünsche sind erfüllt, Ihr habt uns nicht mehr nötig, wir wollen weiterziehen und unser Glück versuchen.«

Eine halbe Stunde vor dem Schloß war ein Dorf, vor dem hütete ein Schweinehirt seine Herde; wie sie dahin kamen, sprach er zu seiner Frau: »Weißt du auch recht, wer ich bin? Ich bin kein Königssohn, sondern ein Schweinehirt, und der mit der Herde dort, das ist mein Vater; wir zwei müssen auch daran und ihm helfen hüten.« Dann stieg er mit ihr in das Wirtshaus ab und sagte heimlich zu den Wirtsleuten, in der Nacht sollten sie ihr die königlichen Kleider wegnehmen. Wie sie nun am Morgen aufwachte, hatte sie nichts anzutun, und die Wirtin gab ihr einen alten Rock und ein Paar alte wollene Strümpfe, dabei tat sie noch, als wär's ein großes Geschenk, und sprach: »Wenn nicht Euer Mann wäre, hätt' ich's Euch gar nicht gegeben.« Da glaubte sie, er wäre wirklich ein Schweinehirt, und hütete mit ihm die Herde und dachte: »Ich habe es verdient mit meinem Übermut und Stolz.« Das dauerte acht Tage, da konnte sie es nicht mehr aushalten; denn die Füße waren ihr wund geworden. Da kamen ein paar Leute und fragten, ob sie wüßte, wer ihr Mann wäre. »Ja«, antwortete sie, »er ist ein Schweinehirt und ist eben ausgegangen, mit Bändern und Schnüren einen kleinen Handel zu treiben.« Sie sprachen aber: »Kommt einmal mit, wir wollen Euch zu ihm hinführen«, und brachten sie ins Schloß hinauf; und wie sie in den Saal kam, stand da ihr Mann in königlichen Kleidern. Sie erkannte ihn aber nicht, bis er ihr um den Hals fiel, sie küßte und sprach: »Ich habe so viel für dich gelitten, da hast du auch für mich leiden sollen.« Nun ward erst die Hochzeit gefeiert, und der's erzählt hat, wollte, er wäre auch dabei gewesen.

Das Bachmännlein

Eine gute Viertelstunde oberhalb des Dorfes stand die Heiker Mühle. Es war ein behäbiges, stattliches Anwesen, das dort unter den beiden weit ausladenden Linden am großen Mühlteiche lag. An der unteren Seite, dem Teiche abgekehrt, stand ein uralter breiter Holunder-Strauch, der sich mit seinen Zweigen weit über den rauschenden und sprudelnden Untergraben neigte. Die breiten Wasserräder drehten sich fast ununterbrochen Tag und Nacht, so daß das Wasserrauschen nie verstummte.

Wer sich unter dem Eigentümer einer solchen Mühle einen gutmütigen, wohlbeleibten Mann vorstellt, trifft meist das richtige. Der Heiker Müller war aber das gerade Gegenteil in allem. Von hagerer Gestalt und mit immer finsterem Blick nützte er das Mahlwerk bis zum äußersten aus, war knickrig und daher unbeliebt bei Fremden und seinem Hausgesinde. Taler häufte er auf Taler; auch verschlug es ihm nichts, wenn mal ein nicht ganz reiner dabei war. So sparte er auch gern an der Unterhaltung des Teiches und der Mühle, was von je her für einen Müller die verkehrteste Sparsamkeit gewesen ist. Da die Mühle die einzige weit umher war und es dem Müller nie an Wasser fehlte, so wollte gleichwohl ein jeder den Müller

als guten Freund halten. Und wenn mal nicht alles war, wie es sein sollte, drückte man lieber ein Auge zu.

In dem Kotten, der zur Mühle gehörte und eine Strecke aufwärts lag, wohnte ein Plüschweber mit seiner zahlreichen Familie. Der Weber war immer lustig und guter Dinge, blieb auch meist für einen Sonntagsschoppen nicht viel übrig. Sein ältester, zwölfjähriger Sohn, der Hinack, war ein schon kräftiger Junge, der mit Spulenwinden und Ziegenhüten den Eltern oft unter die Arme greifen mußte. Vergnügen hatte Hinack an der Arbeit allerdings nicht, lieber schon lag er auf dem Rücken und träumte in die Wolken hinein. Das hatte ihm von dem Lehrer und seinem Vater schon manchen unsanften Streich eingetragen, gefruchtet hatten die Strafen bisher nicht viel. Wenn die Sonne so schön schien, dann konnte er stundenlang unter dem alten Holunderstrauch liegen und dem Wasserrauschen und Vogelgesang zuhören. Da blieb es oft nicht aus, daß die ihm anvertrauten Ziegen den fetten Klee des Müllers dem mageren Gras am Wegrain vorzogen. Das setzte immer ein großes Hallo und oft noch mehr für ihn ab.

Eines schönen Nachmittags im Spätsommer lag Hinack wieder unter dem Strauch. Die Ziegen grasten ruhig am Wegrand. Es war warm, und Hinack wollte sich wach halten, er sang daher ein Liedchen:

> Wenn eck ers ut dei Schaule sin,
> Dann sin ick Schausters Knecht.
> Eck kloppe jümmer up dei Pinn'
> Un mak dei Schau taurecht.
>
> Sau nipe kickt ein wacker Löüt
> Mol ens dür't Finsterken,
> Oh, raup eck, häst du kaule Fäut,
> Kumm hübschke bei mi hen.

> Drin treck eck em dei Holschken ut,
> Et kickt sau nipe tau.
> Eck drück em Küßken up dei Schnut
> Un mak em nigge Schau.

Aber, was war das, sang dort nicht ein anderer? Aus dem Rauschen des Wassers heraus klang es deutlich:

> Däut man dei in'ner Schaule sein,
> Dann bis du'n dummen Klaus,
> Kanns Siegen häun un Spaulen dreihn,
> Süß es met dei niks laus.

> Dat Lesen, Schriewen, Reken just
> Es nich noh dinen Sinn,
> Liggs jümmer unnern Alhäurnbuschk
> Un döses för dei hen.

Tausend noch einmal, ging das dem Hinack aufs Ge-müt. Wie trefflich der Sänger ihn kennen mußte. Schamrot bog er die Zweige auseinander und lugte in den Bach. Auf dem Strudel drehten sich drei geschmei-dige Männlein in rot getupften, anliegenden Kleidern immer im Kreise herum. Sie trieben allerlei Kurzweil miteinander wie ausgelassene Kinder und waren die ge-wandtesten Schwimmer, die Hinack je gesehen hatte. Auf einem trockenen Fleck an der Staumauer stand ein viertes Männlein, das sang nach dem Gesang der Was-serräder:

> Klatsch, klatsch, klatsch, klatsch,
> Dei Waterplatsch,
> Dei Mölla mahlt,
> Dei Lüh betalt.

Dat dumme Pack
Schlippt Sack up Sack.
Wei dreiht us rund,
Dat es gesund,
In'n Waterplatsch,
Klatsch, klatsch, klatsch, klatsch!

Mit offenem Munde sah und hörte Hinack zu. So etwas
Drolliges war ihm noch nicht vorgekommen. Er lachte
hell auf, hurtig waren die Männlein verschwunden. Nur
der Sänger konnte nicht folgen, denn eine große Wasser-
ratte schoß aus ihrem Loche heraus und schnappte nach
seinem Bein. Heftig zappelte und wehrte sich das Männlein, konnte sich aber nicht befreien. Es schrie und rief
laut zum Ufer hin:

Help mei, Hinack, kumm heraf,
Drei den Beist dei Kehlen af!

Hinack sprang hinzu und drückte der Ratte den Hals zu,
daß die quiekend losließ; dann warf er sie an das andere
Ufer. Erschöpft lehnte das Männlein an der Sperrmauer
und dankte dem Jungen für seine Rettung. Dann sagte
es zum Hinack, er sollte sich zur Belohnung was wün-
schen. Da fiel dem Jungen weiter nichts ein, als daß er
gern einen Sack voll Hafer zu Ziegenschrot gemahlen
hätte. Hinack und seine Geschwister hatten die Halme
auf den abgeernteten Feldern gelesen und zu Hause aus-
gedroschen. Er durfte aber dem Müller nicht mit dem
Mahlen kommen; denn der würde sagen, daß ihm der
Hafer gestohlen sei und Hinack sicher Hafer und Sack
abnehmen. – Das Männlein sagte ihm Erfüllung des
Wunsches mit den Worten zu:

> Säg keinen wat van düsen Saken,
> Eck will dat met den Hawer maken.
> Bei Dage häw' eck keine Macht,
> Eck hale mei den Sack vanacht.

Nun wurde es einer großen Bachforelle immer ähnlicher, sprang in den Strudel, tauchte unter und war fort.

Hinack kletterte das Ufer wieder hinauf. Als er noch über das sonderbare Erlebnis nachdachte, hörte er den Müller schimpfen und fluchen. Die Ziegen waren wieder in seinen Klee geraten. Hinack führte sie nach Hause und machte sich auf einen warmen Empfang gefaßt. Der blieb zu seinem Glück für heute aus, da der Vater das Schimpfen des Müllers anscheinend nicht gehört hatte.

Als Hinack gegen elf Uhr nachts durch ein Geräusch an der Tür aufwacht, schleicht er sich behutsam vors Haus. Gerade geht das Bachmännlein strammen Schritts mit dem schweren Sack zur Mühle. Hei! wie stolz es damit marschiert, als ob der Sack federleicht sei. Hinack schleicht hinterher und lugt durch den Türspalt, begierig zu sehen, wie das Männlein mit dem Müller fertig wird. Das stellt sich stracks vor den Müller hin, der durch das Türschlagen aus seinem Halbschlummer vom Mehlsack aufgefahren ist, und sagt in ruhigem Ton:

> Mölla, Mölla, beste Nahwer,
> Mal mei düffen Sack met Hawer!

Mordstürken, wie reibt sich da der Müller die Augen. Als er aber das unscheinbare Männlein gewahrt, antwortet er grob:

> Dei Düwels Grautmömme es dein Nahwer,
> Eck mahle keinen stohlen Hawer!

Darauf reckt sich das Männlein hoch und spricht zornig:

> Du mahlst mei nu den Hawer fix,
> Süß steiht dei Möhl, dann mahlst du nix!

Der Müller will das Männlein haschen, das sagt aber nur »knacks« und ist verschwunden. Das große Wasserrad sagt auch »knacks«, und die Mühle steht, kein Gang klappert mehr. Gleich werden im Hause alle Leute wach; denn richtige Müllersleute werden immer wach, wenn die Mühle nicht geht. Hinack macht sich aus dem Staube und springt ins Bett, will aber in der nächsten Nacht wieder aufpassen; denn die Sache scheint noch nicht zu Ende zu sein. – In der Mühle war großes Hallo, die Schütze wurden geschlossen, und der Mühlenbauer mußte geholt werden.

Nachdem der Mühlenbauer nun die großen Wasserstiefel bedächtig angezogen und einen frischen Priemen genommen hatte, fand er, daß eine Schaufel am größten Wasserrad gebrochen war und sich zwischen Rad und Bachbett festgeklemmt hatte. Tagsüber wurde der Schaden ausgebessert, und abends war die Mühle wieder am Klappern. Kommt nachts das Männlein wieder und sagt seinen Spruch. Fuchsteufelswild springt der Müller auf, schimpft und flucht erbärmlich und will das Männlein fangen. Das ist aber viel flinker als er, weicht ihm aus, springt hinter das Getriebe, steckt die Zunge heraus und ruft dann:

> Mahls du nich den Hawersack,
> Makt dei Möhl acht Dag kein tack!

Fort ist das Männlein, und die Mühle bleibt mit fürchterlichem Krachen stehen.

Wie da der Mühlenbauer kam, drehte er sein Priemchen lange bedächtig hin und her im Munde und meinte, acht Tage würde die Wiederherstellungsarbeit gut und gern dauern. Fast alle Wellen waren verbogen und die Lager ausgeleiert. Der Müller mußte viele harte Taler bezahlen. Er fluchte Himmel und Hölle und schwur, daß er das Männlein mausetot schlagen wollte.

Als die Mühle nach langer Pause zum ersten Mal wieder klapperte, da ließ der Müller alle Gänge laufen, um etwas

von dem verlorenen Verdienst wieder einzuholen. Dann nahm er drei Fallen; eine Rattenfalle, eine Marderfalle und eine Fuchsfalle. Alle stellte er im Dunkelwerden der Reihe nach hinter der Mühlentür auf. Nun wollte er den Kobold wohl erwischen.

Es hatte den ganzen Tag geregnet und gestürmt, gegen Abend nahm das Unwetter noch zu. Das Wasser im Mühlenteich stieg bedrohlich, man hatte schon die Notschütze ziehen müssen. – Zur bestimmten Stunde öffnet sich wieder die Mühlentür, das Männlein erscheint auf der Schwelle, um seinen Spruch zu sagen. »Klapps!« da hat es einen Fuß in der Marderfalle fest. Ei, wie lacht da dem Müller das Herz. Eilends springt er mit einem dicken Knüttel hinzu, um dem Kobold den Rest zu geben. In seiner Wut denkt er nicht an die Fuchsfalle und sitzt »klapps!« auch fest. Wie der Müller schreit und tobt, reißt sich das Männlein mit einem gewaltigen Ruck los und ruft mit drohender Stimme:

> Nu wuß du mei auk nau ant Liewen,
> Täuf, Mölla, täuf, dat sall wat giewen!

und läßt den Müller allein.

Der Müller ahnt nichts Gutes. Als er sich mit Weh und Ach aus der Falle befreit hat, weckt er alle Hausleute und schickt sie in Sturm und Regen hinaus auf den Teichdamm. Sie sollten arbeiten, dort, wo es nottat. Das Wasser wühlte und fraß gewaltig an der Sperrmauer. Noch hielt sie. Man konnte aber wahrnehmen, daß bald ein Unglück geschehen würde, wenn das Unwetter nicht nachließ.

Hinack und seine Eltern wurden auch herbeigeholt. Sie sind aber noch nicht am Teich, da brausen die Fluten schon durch eine Lücke. Mehr und mehr Raum frißt sich das Wasser – mit gewaltigem Tosen reißt es schließlich

Wasserräder, Getriebe und das halbe Mühlhaus mit sich fort.

Als die Mühle nach Jahr und Tag wieder hergestellt ist, leidet es den Müller nicht mehr an dem Ort. Er will das ganze Anwesen verkaufen und auswandern. Hinacks Eltern hätten gern den Kotten erworben, es fehlten ihnen aber an der verlangten Summe noch ganze hundert Taler. Da war guter Rat teuer. Auf ehrliche Gesichter borgte dazumal noch niemand was, sonst hätte es ihnen nicht fehlen können.

In der Nacht vor dem Verkaufstage war es Hinack, als machte sich jemand an der Tür. zu schaffen. Hurtig springt er auf und geht hinaus. Da steht sein alter Bekannter, das Bachmännlein, draußen, an das er lange nicht mehr gedacht hatte, und gibt ihm ein Säckchen mit Geld in die Hand. Dann sagt ihm das Männlein, er würde es nun nicht mehr wiedersehen. Es wolle ihm daher noch eine gute Lehre mit auf den Weg geben, die ihm, wenn er sie befolge, mehr wie Geld einbringen werde:

> Help, wenn du kanns, den lütken Mann,
> Keik auk dat Hus van achter an.
> Hault hellen Sinn, dräum nich tau saken –
> Un paß upt Moot beit Stiewelmaken!

Dann war es fort, und niemand hat es je wiedergesehen. Als Hinack das Beutelchen öffnete, waren da genau die fehlenden hundert Taler drin, so daß sein Vater das Häuschen erwerben konnte. Hinack kam später zu einem tüchtigen Schuhmachermeister in die Lehre. An sonnigen Feiertagen lag er immer noch gern unter dem Holunderstrauch, aber er schaute fortan mit klaren Augen in die Wolken hinauf.

Wer heute in Heike oder in der Nähe ein Paar feine Lackschuhe oder ein Paar deftige Wasserstiefel gemacht haben will, der gehe zum Meister Hinack; denn Hinack gibt sorgfältig acht auf das Maß und schustert den Leuten keine Hühneraugen an die Füße, wie so viele seiner Zunftgenossen. Das hatte sich bald herumgesprochen und verhalf ihm zu einem sorgenfreien Dasein.

Der Bauernjunge mit der Flinte

Ein Bauer hatte einen Sohn, den er gern vom Hofe los sein wollte. Er gab ihm sechshundert Mark und eine Flinte und schickte ihn fort.

Als der Junge einen Tag gewandert war, kam er in ein Wirtshaus, in dem er übernachtete. Da sprach der Wirt zu seinem Gaste: »Was für ein schönes Gewehr hast du?«

»Ja«, sagte der Junge, »mit dem sage ich gut für jeden Schuß!«

»Dann geh doch einmal mit mir! Nicht weit von hier sitzen sechs Zwerge. Ob du von denen wohl einen triffst?«

Sie gingen am anderen Morgen hin und fanden die Zwerge, die gerade Kartoffeln aßen. Der Schütze sagte zu den Zwergen: »Stecke jeder eine Kartoffel auf seine Gabel; die will ich alle herunterschießen, ohne euch selbst zu treffen!«

Das Kunststück gelang. Die Zwerge sprachen erstaunt: »Komm mit uns! Wenn du willst, kannst du dein Glück machen!«

Sie führten ihn in den dichten Wald, wo ein verwünschtes Schloß hinter hohen Mauern stand. Ein schwarzer Spitz aber lief immer auf der Mauer entlang und umkreiste das Schloß. Nun fragten die Zwerge den Jungen, ob er den Spitz wohl treffen könnte. Er legte an und traf den Hund, der jenseits der Mauer hinablief.

Jetzt kamen die Zwerge und schlugen ein Loch in die Mauer. Der Junge kroch hindurch. Da war ein breites, tiefes Wasser vor ihm. Er schwamm hindurch und ging in das Schloß hinein. Hier war es wunderschön. Edelsteine glänzten an den Wänden des langen Ganges. Ein Wolf lag auf der Erde und weiter hinaus noch ein großer Hund. Doch ließen sie beide den Jungen vorbei. Er kam zuerst in ein Zimmer, in dem ein Tisch herrlich gedeckt dastand. Er aß sich tüchtig satt und wollte das Schloß wieder verlassen. Aber Hund und Wolf hoben ihre Pfoten und wehrten ihm. So ging er dann wieder zurück und weiter durch alle Zimmer hindurch. Zuletzt kam er in einen Saal, in dem das Königspaar schlief. Im Zimmer dahinter lag die Königstochter. Vor ihrem Bette standen zwei goldene Pantoffel. Einen davon nahm er mit, um den Zwergen zu beweisen, daß er wirklich in der Kammer der Königstochter gewesen war.

Zuletzt hat er die Königstochter noch erlöst und zur Frau bekommen, und sie haben glücklich gelebt.

Frieder

Es war einmal ein lustiger Jungkerl, der hieß Frieder, der gab auf die Arbeit nicht viel. Wenn eine Kirmeß in der Nähe war, so dachte er, die Arbeit läuft mir nicht weg, aber die Kirmeß ist morgen vorbei, da will ich lieber die Kirmeß erst mitnehmen.

So war er einmal auch auf einer Kirmeß gewesen, und es ging schon nahe an Mitternacht, als er über die Heide am Walde nach Hause ging. Wie er so dahinschritt, und den Kopf noch halb voll hatte von all dem Trubel auf der Kirmeß und auch von dem, was er getrunken hatte, wankte er hin und her. Er konnte dem schmalen Heidewege nicht mehr recht folgen und geriet ab und zu in den Sand. Da wurden seine Schuhe voll Sand, und er setzte sich an einen Wacholderbusch, um sie auszuleeren.

Nun stand neben dem Wacholderbusche eine Menge Farrenkraut, und die Samen war gerade reif; denn es war Johannisnacht. Wie er seine Schuhe wieder anzog, ging das in der Nacht und mit dem vollen Kopfe etwas ungeschickt, und bei seinem Hin und Her fiel etwas Farrenkrautsamen in die Schuhe. Da wurden seine Augen

klar. Er sah einen hellen Schein um den Wacholderbusch herum. Zwischen den Farrenkräutern trieb sich das kleine Völkchen umher und war offenbar in großer Unruhe. Einige der kleinen Leutchen kamen mit finsteren Blicken auf ihn zu und drohten mit der Faust, und wie Frieder richtig zusah, was sie von ihm wollten, da bemerkte er, daß er sich einem der kleinen Männchen auf den Fuß gesetzt hatte und dieser nicht los konnte. Der Zwerg machte ein verzweifeltes Gesicht und zog an seinem Fuße, konnte ihn aber unter der Schwere des Menschen nicht frei kriegen, auch nicht, als ihm einige Genossen halfen. Unserm Frieder aber steckte der Schelm im Nacken. »Was gebt ihr mir, wenn ich ihn frei lasse?« rief er den Zwergen zu. Da entstand ein noch größeres Durcheinander. Einige der kleinen Männchen überhäuften ihn mit bösen Schimpfworten, aus denen sich Frieder aber nichts machte, sondern über die er nur spöttisch lächelte. Zuletzt sprang einer der Zwerge auf ihn zu, hatte in der einen Hand einen ziemlich großen Beutel und schwenkte ihn hin und her. »Diesen Beutel mit Farrenkrautsamen schenke ich dir, wenn du meinen Vater frei läßt! Niemand sonst kann solchen Samen sammeln. Wenn du davon etwas bei dir hast, kann dir nichts fehlen!«

Das paßte unserm Frieder gerade. Einen Beutel hatte er ja wohl schon immer gehabt, den hatte er auch jetzt bei sich. Aber dieser Beutel war für gewöhnlich leer; denn bei ihm ging das Geld leichter heraus als herein. »Topp!« sagte er, nahm den Beutel und stand auf.

Dem kleinen Zwerge war das Bein etwas verstaucht, und seine Genossen bemühten sich, es wieder in Ordnung zu bringen. Frieder war eine gute Haut; er half tüchtig mit, das Bein zu reiben; denn er hatte in seiner Hand doch mehr Kraft als die kleinen Heidemännchen. Darüber freuten sie sich, und so schieden sie versöhnt und versprachen ihm alle Hilfe in der Not.

Frieder hielt es nun nicht mehr lange zu Hause aus. Mit seinem Beutel zog er in die große Welt, immer weiter und immer weiter. Und es fehlte ihm an nichts. Einmal kam er in einem großen Walde an eine kleine einsame Hütte und hörte Wehgeschrei und Klagen. »Da kannst du vielleicht helfen!« dachte er und ging darauf zu. An dem großen Tor aber sprang ihm ein Hund entgegen, so groß wie ein Kalb, mit glühender Zunge und blitzenden Augen. Unser Frieder, nicht faul, warf ihm etwas von seinem Farrenkrautsamen ins Maul. Da kniff der Hund den Schwanz zwischen die Beine, ging auf die Seite und ließ Frieder durch.

In der Hütte aber wohnte eine Hexe, die hielt eine Königstochter in ihrem Banne. Ein Räuber und Menschenfresser hatte sie geraubt, als sie allein in den Wald gegangen war und sich verirrt hatte. Der Menschenfresser wollte sie töten; aber die Hexe tat mit dem Räuber

lieb, um die Königstochter für sich zu bekommen. Als der Räuber bei ihr war, verhexte sie die Prinzessin in eine Rose. Später wollte der Räuber sie mitnehmen, konnte sie nicht finden, meinte, sie wäre ihm wieder entlaufen und suchte sie im weiten Wald. Da verwandelte die Hexe die Rose wieder in die Prinzessin. Im Hexenhause mußte sie die gemeinsten Arbeiten verrichten und jeden Tag das ganze Haus von oben bis unten scheuern und putzen. Dann weinte und klagte sie oft laut; aber die Hexe lachte sie höhnisch aus.

Unser Frieder hörte das Weinen und Klagen also und dachte: »Ich will doch einmal sehen, was da los ist!« Angst hatte er keine mehr, weil er ja seinen Farrenkrautsamen bei sich trug, der ihm schon so häufig geholfen hatte.

Frieder trat in das Haus. Die Hexe sah ihn und spuckte Feuer, weil der Hund sie nicht beschützt, sondern Frieder hereingelassen hatte. Sie griff nach ihrem Zauberstabe und wollte Frieder in einen Stein verwandeln und diesen dann in den tiefen Brunnen werfen. Doch ehe sie den Zauberstab greifen konnte, hatte Frieder eine ganze Hand voll Farrenkrautsamen über sie geworfen. Da war sie ganz betäubt und mußte vierundzwanzig Stunden wie tot schlafen. Die Prinzessin freute sich, daß die böse Hexe unschädlich gemacht und sie nun erlöst war. Sie taten sich gütlich an dem schönen Essen und Trinken, denn die Hexe hatte gerade den Tisch für sich gedeckt. Dann durchsuchten sie das ganze Haus und befreiten viele Jünglinge und Jungfrauen, die von der Hexe verzaubert worden waren, und machten sich auf den Weg. Sie vergaßen aber nicht, den Zauberstab mitzunehmen, und der half ihnen mit dem Farrenkrautsamen über alle Hindernisse hinweg.

Frieder führte die Prinzessin glücklich wieder zu ihren Eltern, die sehr betrübt waren, weil sie ihre Tochter verloren hatten. Die Königin hatte es sich sogar so zu Herzen genommen, daß sie auf den Tod danieder lag. Als sie aber ihre Tochter wiedersah und Frieder ihr dazu Farrenkrautsamen in die Arznei schüttete, die sie trank, wurde sie auf einmal wieder gesund.

Ein großes Freudenfest wurde veranstaltet, und da die Prinzessin Frieder nicht verlassen wollte, so wurden sie ein glückliches Paar und lebten lange in Frieden und Herrlichkeit.

Das Sonntagskind

Auf einer Heide am Walde lebten einmal einfache arme Webersleute rechtschaffen und fleißig von ihrer Arbeit. Sie hatten keine Kinder, und die Frau wünschte sich sehnsüchtig einen Jungen. Endlich gewährte ihr der Himmel ihren Wunsch. Es war gerade in der heiligen Nacht um die Mitternachtsstunde, und dazu fiel das Weihnachtsfest auf einen Sonntag.

»Das ist ein Glückskind!«, dachten Vater und Mutter, aber die weise Frau, die das Kind zur Welt brachte, schüttelte den Kopf; denn es war zart und schwach und ließ das Köpfchen hängen, wie eine welke Blume. Weil sie glaubten, es würde ihnen unter den Händen sterben, so gab die weise Frau ihm die Nottaufe; denn die Eltern wollten nicht, daß es wie ein Heide aus der Welt gehen, sondern wie ein Englein im Himmel spielen sollte. Die Mutter weinte viele Tränen und flehte inbrünstig zum lieben Gott, er möchte ihr das Kind lassen. Und Gott erhörte ihr Flehen, und es blieb am Leben. Es hatte rote Rosen auf den weißen Wangen. Das Taufwasser war nämlich unter dem wilden Rosenbusch ausgeschüttet worden, der bei dem großen Apfelbaum im Baumhofe stand.

Als das Sonntags- und Weihnachtskind sechs Jahre alt war, starb die Mutter, und bald kam eine neue Frau ins Haus. Bei der Stiefmutter hatte es der Junge nicht mehr so gut. Er mußte mit den Hühnern aufstehen und bis spät in die Nacht arbeiten, Kartoffeln schälen, Wasser holen, Holz splittern, Disteln suchen und was sonst noch alles. Am liebsten hütete er die Ziegen auf der weiten Heide. Da konnte er sich zuweilen in den schönen gelben

123

Sand am Berge hinstrecken und seinen eigenen Gedanken nachgehen.

Einmal lag er an einem schönen Sommertage wieder auf der Erde und sah in den tiefblauen Himmel hinauf.

Gerade neben ihm stand ein wilder Rosenbusch mitten in der braungrünen Heide am Sande. Da sah er über sich nicht nur die Wolken eilen und hörte nicht nur die Lerchen singen, sondern da neigte sich auch ein hübsches Röslein von dem Busche nieder. Es war schon fast aufgeblüht.

Das Sonntagskind hing mit seinen Augen an der Blume, und, o Wunder, sie öffnete sich zusehends, wurde größer und größer, und ihre weißen Blütenblättchen wurden zu einem wallenden Schleierkleide, das mit grünen Streifen besetzt war und an dem grüne Bänder herunterflatterten. Die roten Fleckchen der Rose wurden zu einem engelgleichen lieblichen Antlitz, und segnend streckten sich dem Sonntagskinde zwei weiße Händchen entgegen.

»Sonntagskind«, sagte die Rosenfee, »fürchte dich nicht! Du wirst einmal Glück haben in der Welt; denn du bist an einem Weihnachtssonntage in der Glücksstunde geboren. Heute, wo du unter meinem Rosenbusche liegst, will ich dir die Augen und Ohren öffnen, daß du verborgene Dinge siehst. Aber du darfst keinem Menschen ein Wort davon sagen, sonst hast du dein Glück verscherzt. Wenn du mehr sehen und hören willst, als andere Menschen, dann nimm eine wilde Rose oder ein Rosenblatt, so wird dein Wunsch erfüllt werden!«

Dann lächelte die Fee wie ein Engel, winkte ihm mit ihren Händen den Abschied zu und verschwand.

Unser Sonntagskind war wie vergeistert. Es sprang auf und starrte den Rosenbusch an; aber er blühte wieder wie sonst, weiß und rot, und nur aus dem kleinen Röschen in der Mitte schien ihm das liebliche Engelsgesichtchen noch mit freundlichem Blick zuzunicken. Oben am blauen Himmel zogen die Wolken vorüber, und sie riefen:

> Sonntagskind, bleib nicht zurück,
> In der Fremde blüht dein Glück!

Und in der Luft sang die Lerche:

> Tirelireli,
> Lieber blieb ich hie!

Und die Bienen summten wie sonst; aber das Sonntagskind konnte deutlich verstehen, was sie sagten:

> Summ, Summ, Summ,
> Die Zeit ist noch nicht um!

Aber die dicke, schwarz und rot gebänderte Hummel flog ihm um den Kopf und brummte ihm ins Ohr:

> Junge, Jung! Da vorn
> Die Blesse ist am Korn!

Da war unser Sonntagskind wie aus allen Wolken gefallen, guckte nach seinen Ziegen und richtig, sie waren von der Heide nach dem nahen Felde gelaufen und fraßen am

Korn. Die Stiefmutter hatte es gesehen und schalt: »Du Nichtsnutz, du! Ich will dir deine Faulheit vertreiben und dir flinke Beine machen, daß du besser aufpaßt!«

Zuweilen durfte das Sonntagskind mit in die Kirche gehen. Es wußte noch, wie seine liebe Mutter früher jeden Sonntag hineingegangen war, das Gesangbuch mit den schönen Goldbuchstaben in den gefalteten Händen, ein schlohweißes Taschentuch darauf, und beim Hinausgehen hatte sie in ihrem Garten einen Riechebusch gepflückt, Reseda und Balsam, und auf dem weißen Tuche in den Fingern gehalten. Als das Sonntagskind beim Rosenbusche an der Ecke des Baumhofes vorbeikam, pflückte es sich ein Röschen. Und es war wieder, als ob ihm ein Engelsgesichtchen daraus entgegenlachte, wie es die Rose in der Hand anblickte. Nun sah das Sonntagskind vieles, was es sonst nicht gesehen hatte.

Der alte ehrwürdige Pastor sprach ergreifende Worte von der Liebe Gottes zu den geringen Menschenkindern. Und alles war so still in der großen Kirche, So still, daß das Sonntagskind die Gedanken der Leute hörte. Da saß vor ihm der große Hofmeier, der fünfzehn Pferde besaß. Aber damit hatte er noch nicht genug. Schon sein Vater war der leibhaftige Geiz gewesen und mußte deswegen umgehen, wie die Leute sagten. Nachts in der Geisterstunde ging er auf dem Felde wie ein feuriger Mann, hatte einen Grenzstein auf der Schulter, den er in seinem Leben ungerechterweise versetzt hatte. Er irrte hin und her, suchte und rief immer: »Wo soll ich ihn hinsetzen? Wo soll ich ihn hinsetzen?« und dann erschien er auch auf dem Hofe, und manchem hatte er schon zugewinkt, ihm zu folgen, aber niemand folgte ihm.

Der junge Bauer war noch schlimmer als der alte. Er hörte nicht auf das, was von der Kanzel ins Herz getragen

126

werden sollte. Nein, er dachte nur daran, wie er morgen die armen Kinder, die auf dem Stoppelfelde die wenigen liegen gebliebenen Ähren lesen und Sangen davon machen wollten, mit seinem Hunde vom Felde jagen könnte; er dachte nur daran, seinen Knechten und Mägden etwas vom Lohn abzuzwacken; dachte nur daran, wie die Bäuerin für das Volk magerer kochen sollte, um seinen

Geldbeutel mehr zu füllen, wie er Weizen und Roggen am vorteilhaftesten verkaufen und den Viehhändler hinters Licht führen könnte. Seit der Zeit mochte Hans den Hofmeier nicht mehr ansehen und ging weit um ihn herum.

Nicht weit von dem Hofmeier saß der Schmied, der fleißig in die Kirche ging. Aber nun merkte unser Sonntagskind, daß er eben so wenig auf die Predigt des Pastors achtete, wie der Hofmeier. Der Schmied war einer von denen, für die das Handwerk Nebensache ist. Viel lieber trieb er es als Mäkelsmann, weil ihn das häufig ins Wirtshaus führte; als solch ein Freiwerber machte er seine Geschäfte stundenweit im Umkreise, auch wurde kein Pferd in der ganzen Gegend gekauft und verkauft, ohne daß er nicht dabei sein mußte. Aber seine Schmiede ging dabei zurück, und Frau und Kinder litten Mangel.

Nun hörte das Sonntagskind seine Gedanken, wie er nämlich gedachte, dem einzigen Mädchen des großen Meiers im Dorfe, der Anerbin, einen Freier zu verschaffen, der ihn viel Geld dabei verdienen ließ.

Und da war noch ein dritter, der nur aus Gewohnheit in die Kirche ging, es aufs Geld absah und sich mit Hilfe des Teufels Glück und Reichtum verschaffen wollte. Er hatte sich schon dem Teufel verschrieben, und der hatte ihm befohlen, in der nächsten Adventszeit nicht zu beten, nicht in die Kirche zu gehen, nicht das heilige Abendmahl zu genießen, sondern sich stets mit bösen Gedanken zu beschäftigen und an den Teufel zu denken. Dann sollte er in der Weihnachtszeit auf den Kreuzweg am Berge gehen und Gold im Überfluß erlangen, wenn er die Prüfungen aushielte, die noch von ihm gefordert würden.

Und so las und hörte er die Gedanken vieler Menschen, und von all den Hunderten in der Kirche waren nur wenig, sehr wenig mit dem Herzen dabei, auch die Frauen und Mädchen nicht. Die eine dachte an schöne Kleider, die andere war neidisch auf den Hut ihrer Nachbarin, die dritte dachte an die hübsche Schürze, die sie im Schaufenster gesehen hatte, der vierten gingen die Gedanken an ihren Schatz, den sie heute morgen auf dem Kirchwege treffen wollte und der ausgeblieben war, nicht aus dem Kopfe. Und so hatten fast alle Leute ihr Herz anderswo, nur nicht bei der Predigt. Nein, war das eine Welt! –

Als Sonntagskind einstmals wieder auf der Heide war, und unter dem Rosenbusche saß, sah er weit hinten auf der Waldheide in einer sumpfigen Vertiefung blaue Flämmchen flackern, die wehten im Winde, als ob sie sich lustig im Tanze drehten. Und jetzt erinnerte er sich, daß die Leute erzählten, dort im Bente läge das goldene Kalb. Sollte das wirklich wahr sein? Er war noch zu klein, um nachzugraben; aber wenn er älter war, so nahm er sich vor, wollte er's nicht versäumen.

Einmal war er in den Wald gegangen, um Bickbeeren zu suchen. An den Ufern des Donoperteiches stand er gerade unter einem wilden Rosenbusche und sah die Nixen schwimmen, weiß und zart, und sie platschten vor Lust im Wasser und tauchten auf und wieder unter. –

Da Sonntagskind größer geworden war, hielt es ihn nicht mehr zu Hause, und er wanderte in die weite Welt. Als er über den Wald zog, leuchtete ihm am Wege ein blühender Rosenbusch entgegen. Er pflückte sich ein Röschen und steckte es an den Hut. Da sah er am Hohlenstein lauter Zwerge auf der grünen Waldwiese springen und tanzen. Und die Elfen sprangen aus den grünen Büschen heraus und wiegten ihre geschmeidigen Leiber im Morgennebel. Und weiter am Spellerberge funkelte es zwi-

schen den Steinen hindurch wie lauter Feuer. Also hatten
die Leute doch recht, die davon erzählten, daß hier ein
großer Schatz läge! Aber er wollte sich nicht aufhalten
lassen; die Fee hatte ja gesagt, er müßte in die weite Welt
gehen, um sein Glück zu machen. –

Als Sonntagskind endlich weit, weit gereist war, kam er in
eine Stadt, da war das einzige Töchterlein des Königs tod-
krank geworden. Der König hatte alle Ärzte im ganzen
Reiche herbeigerufen, aber keiner konnte helfen, und sie
meinten, der Prinzessin müßte wohl etwas angetan sein.
Da ließ der König bekannt machen: »Wer der Prinzessin
hilft und sie von ihrer schweren Krankheit heilt, der soll
reich werden für sein Leben lang und dem will ich sie
zur Gemahlin geben!« Unser Sonntagskind kam gerade
in die Stadt, als die bunten Trompetenbläser das in allen
Straßen ausriefen. Stracks ging er hin und meldete sich
im Schlosse, wo man ihn mit seinen verstaubten Schu-
hen und verschlissenen Kleidern nicht zulassen wollte.
Sonntagskind ließ sich nicht abweisen und bestand dar-

auf, daß man ihn beim Könige meldete, und der befahl, ihn auf der Stelle vorzulassen.

Der König hieß ihn in das Zimmer führen, wo die Prinzessin war. Sie lag ganz bleich in ihren Kissen, und von Zeit zu Zeit arbeitete sie mit ihren Armen in der Luft umher, als ob sie sich gegen jemand wehren wollte, der ihr zu nahe kam. Unser Sonntagskind hatte die Gabe, Verborgenes zu sehen; denn er hatte vorsichtigerweise ein Rosenblümchen angesteckt. Da sah er nun, wie ein Engel und ein Teufel um die Seele der Prinzessin kämpften. Von Zeit zu Zeit griff der Teufel nach der Prinzessin, um sie mitzunehmen; aber dann warf sich ihm der Engel mit aller Kraft entgegen, doch schien es, als ob er kein Sieger bleiben würde. Da tat schnelle Hilfe not. Sonntagskind befahl, daß alle Menschen hinausgeben sollten, nur der König und die Königin durften bleiben. Dann stellte er sich auf die linke Seite des Bettes und faßte die linke Hand der Prinzessin. Nun hatte der Teufel keine Gewalt mehr über sie.

Sonntagskind blickte im Zimmer umher, bis der Teufel mitsamt den bösen Geistern verschwunden war. Dann nahm er ein Fläschchen, das er bei sich hatte und netzte die vom Fieber trockenen Lippen der Prinzessin mit Wein, streckte seine Hand über sie aus und sprach leise einen Segen. Da schlug die Prinzessin zum ersten Male wieder die Augen auf, und sie waren klar, wie sie seit langem nicht gewesen waren. Die Königin wollte sich auf ihre Tochter stürzen und sie mit Küssen bedecken, aber Sonntagskind wehrte mit der Hand ab. Die Prinzessin schloß die Augen wieder und fiel in einen tiefen, gesunden Schlaf.

Der König und die Königin waren hochbeglückt und wußten nicht, was sie dem Sonntagskind alles zugute tun sollten. Er mußte im Schlosse wohnen und erhielt prächtige Kleider, und reich betreßte Diener liefen, wenn er winkte. –

Einmal stand Sonntagskind in einer mondhellen Nacht am Fenster, das auf den Schloßgarten hinausging. Plötzlich fiel eine Sternschnuppe in den Garten nahe der Mauerecke. Da stand ein Rosenbusch, und im selben Augenblick züngelten blaue Flämmchen empor und verrieten Sonntagskind, daß hier ein Schatz vergraben war. Er lag schon viele hundert Jahre in der Erde und stammte von den Ungläubigen, die hier einst verheerend durch das Land gezogen waren und denen die geraubte Beute zuviel geworden war, um sie weiter mitzuschleppen; darum hatten sie sie bis zum Wiederkommen und Abholen in der Gartenecke vergraben. Aber sie hatten unterwegs ihren verdienten Tod gefunden, und so war der Schatz liegen geblieben, und niemand wußte davon wie Sonntagskind.

Die Großen des Reiches murrten sehr darüber, daß ein so armer Kerl wie der hergelaufene Wanderbursche die schöne Prinzessin heiraten und über so viele reiche Leute herrschen sollte. Das Sonntagskind hatte aber längst ihre Gedanken und Anschläge gelesen, und als sie einmal beisammen waren und sich darüber freuten, daß die Prinzessin am nächsten Tage zum ersten Male wieder in der großen Gesellschaft erscheinen sollte, ging er stracks hin zum König und sagte vor allen Versammelten: »Lieber Herr König, die edlen Leute hier sind unwillig darüber, daß ich die todkranke Prinzessin geheilt und damit den kostbaren Schatz verdient habe, den du dafür ausgesetzt hast, und sie nennen mich einen armen hergelaufenen Burschen, der es nur auf ihr Geld abgesehen hätte. Aber damit sie nicht glauben, ich wäre so arm wie ich scheine,

so befiehl, daß morgen jedereine alle seine Schätze her-
bringt. Dann soll es sich ausweisen, wer am meisten hat!«
Da befahl der König, daß am nächsten Tage jeder an
Gold, Silber und Edelgestein bringen sollte, was er
hätte.

In der Nacht ging Sonntagskind heimlich in den Garten,
pflückte sich ein Röschen und sah den gewaltigen Schatz,
der in der Erde vergraben war. Er nahm mit sich, was er
konnte und füllte einen ganzen Koffer der glänzendsten
Kostbarkeiten an, die man sich nur denken konnte, von
so reicher Arbeit, daß kein Goldschmied sie mehr herzu-
stellen imstande war.

Am anderen Tage kamen alle die Reichen und Vornehmen des ganzen Landes mit ihren Truhen und Kästchen

her; sie hatten alle ihre Ringe, Nadeln, Ketten, alle ihre wertvollen Perlen, überhaupt alle ihre Kostbarkeiten mitgebracht. Und es war ein Glanz, daß der ganze Saal wie von hellem Lichte strahlte und alle sich schier verwunderten über die großen Schätze, die hier zusammengebracht worden waren. Da blickten sie fragend auf das Sonntagskind, das mit leeren Händen dabeistand. Sonntagskind winkte zwei Dienern, die brachten einen großen Koffer, so schwer, daß sie ihn kaum schleppen konnten, und als sie ihn öffneten und all die Herrlichkeiten daraus nahmen und auf den Tisch stellten, da ging ein Glanz von den Kostbarkeiten aus, wie von der Sonne fast, sodaß selbst der König und die Königin wie geblendet die Augen abwendeten. Die vorher gemurrt hatten, mußten jetzt beschämt schweigen.

Der König und die Königin befahlen aber jetzt, die Prinzessin hereinzuführen. Und als sie den schmucken Jüngling sah, der hübsch und stattlich an Gestalt dastand, lieblich von Angesicht war und treuherzig aus den Augen blickte, fiel sie ihm um den Hals und dankte dem Retter ihres Lebens. Und es wurde eine so glänzende Hochzeit gefeiert, wie die Welt sie noch nie gesehen hatte.

Das schwarze und das weiße Haus

Es waren einmal zwei ungleiche Geschwister, ein Junge und ein Mädchen.

Dem Jungen waren Stock und Peitsche am liebsten, und er fühlte sich am glücklichsten, wenn er sich mit anderen im Sande umherbalgen konnte Er war der erste auf dem Spielplatze und der letzte wieder zu Hause, und häufig mußte ihn seine Mutter schelten, weil er ungehorsam war und sie ärgerte.

Die kleine Schwester war bescheiden und freundlich. Von ihrem älteren Bruder mußte sie manches Unrecht dulden. Wenn sie dann weinte, tröstete die Mutter sie und schalt den bösen Jungen, der aber nicht viel darnach fragte. Er fürchtete sich höchstens vor dem strengen Vater der recht zornig wurde, wenn er von seine Unarten erfuhr und ihn hart bestrafte. Aber da der Vater von früh morgens bis spät abends auf der Arbeit war, so wurde er wenig davon gewahr, was für böse Streiche der Junge machte und wie er sein Schwesterchen quälte.

Einmal gingen die beiden Kinder allein in den großen Wald, um Bickbeeren zu suchen. Die Mutter gab jedem

ein Stückchen Brot mit; das sollten sie essen, wenn sie Hunger hätten.

In dem hohen Walde sprang der Knabe wild und ungestüm umher und dachte wenig an das Bickbeerensuchen; die Schwester aber machte sich fleißig an die Arbeit. –

Nach einer Weile kam ein altes kleines Männchen daher und schritt langsam und gebückt auf die Kinder zu. Zitternd sagte es: »Ach, liebe Kinder, habt ihr nichts zu essen? Ich bin so hungrig und habe den ganzen Tag noch keinen Brocken Brot gehabt.«

Da antwortete der Junge frech: »Das Brot wollen wir selber essen!«

Da wurde der alte Mann tieftraurig und sprach zu dem Mädchen: »Hast du auch kein Brot für einen alten und kranken Mann?«

»Ja,« erwiderte es, »hier ist mein Brot!«

Der alte Mann nahm das Brot, lächelte und sagte mit freundlicher Stimme: »Weil du so gut gegen mich gewesen bist, so sollst du etwas Schönes bekommen. Wenn ihr nachher aus dem Walde geht, werdet ihr zwei Häuser Sehen, ein weißes und ein schwarzes. »Du«, sagte er zu dem Mädchen, »darfst an dem weißen Hause anklopfen und anläuten, und du«, sprach er in barschem Ton zu dem Jungen, »du darfst an dem schwarzen Hause anläuten!«

Als der alte Mann fort war und die Kinder sich von ihrem Erstaunen erholt hatten, pflückten sie weiter und als sie genug Beeren hatten, gingen sie nach Hause. Der Weg kam ihnen aber ganz unbekannt vor, und sie hatten Angst, aus dem hohen Walde herauszukommen. Endlich lichtete sich der dunkle Wald, und sie standen plötzlich vor zwei Häuschen, einem schwarzen und einem weißen; aber niemand schien darin zu wohnen. Nur eine Glocke war an der Tür.

Das Mädchen faßte sich ein Herz, ging nach dem weißen Hause und zog an der Glocke. Da öffnete sich oben im Hause ein Fenster, aus dem ein schönes weißes Fräulein herabschaute und freundlich rief: »Wer läutet an meinem goldenen Glöcklein?« Doch als es das kleine Mädchen erblickte, sagte es freundlich: »Ich, ich weiß schon. Du bist es, mein liebes Mädchen. Warte nur ein wenig, ich will dir etwas schenken!«

Dann schlug das Fräulein das Fenster wieder zu, kam aber gleich darauf wieder zurück und ließ ein schönes goldenes Kästchen an einer glänzenden goldenen Kette herunter, und daran hing ein goldenes Schlüsselchen. »Das will ich dir schenken, liebes Kindchen, weil du so lieb und gut gewesen bist!« sagte das weiße Fräulein und schloß das Fenster wieder zu.

Das Mädchen öffnete das Kästchen mit dem Schlüsselchen. Da kamen viele Engelchen herausgeflogen, die streichelten dem Mädchen die Wangen und hatten es sehr lieb. Unten im Kästchen aber lag ein schönes Stück Kuchen. Den aß das Mädchen auf und ließ ihn sich gut schmecken. Den Kasten und die Kette und den Schlüs-

sel, alles von Gold, durfte es behalten, weil es dem armen
Manne das Brot geschenkt hatte. –

Wie der Junge sah, daß die Schwester so etwas Schönes
bekommen hatte, ging er schnell zu dem schwarzen Hause und läutete an der Glocke.

Wie das Fenster aufging, siehe, da schaute oben ein
schwarzes Teufelchen heraus, das schrie mit lauter Stimme: »Wer läutet denn so furchtbar an meinem Häuschen? – Ach so, du bist es, mein Junge, du willst auch
etwas haben. Ja, warte nur ein wenig!« Das Teufelchen
schloß das Fenster wieder, und als es zurückkam, ließ es
ein schwarzes eisernes Kästchen an einer eisernen Kette und mit einem eisernen Schlüssel herab. »Das ist für
dich!« rief es, warf alles hinunter und schlug das Fenster
laut zu.

Als der schwarze Teufel verschwunden war, öffnete der
Junge den Kasten; aber da kamen viele schwarze Teufelchen heraus, die zerkratzten dem bösen Jungen das Gesicht. Unten im Kasten aber lag ein ganz hartes, schwarzes Stückchen Brot, das mußte er nun essen, weil er so
hartherzig gewesen war.

Die Dukaten in der Suppe

Als unser Herr Jesus Christus noch auf Erden wandelte, kam er mit einigen Jüngern zu einer armen Witwe, die selber nicht viel zu brechen und zu beißen hatte. Der Herr Jesus bat sie, ihm und seinen Jüngern etwas zu essen zu geben. Die Witwe sagte, sie hätte zwar selbst nicht viel, wollte aber wohl um des Heilandes willen tun, was in ihren Kräften stände; denn sie kannte den Herrn Jesus nicht.

Gleich stellte sie sich an den Herd und kochte. Sie hatte aber nur eine Messerspitze voll Fett mehr; das nahm sie alles und tat es in die Suppe. Das Fett schwamm in unzähligen, winzig kleinen Augen auf der Suppe umher, Tränen kamen ihr in die Augen, als sie die Suppe auftrug und sich entschuldigte, daß sie sie nicht hätte besser ma-

chen können; aber der Heiland und seine Jünger ließen es sich schmecken.

Als sich der Herr beim Abschied bedankte, sagte er zu der armen Frau, sie sollte so viele Goldstücke in der Suppenschüssel finden, als Augen auf der Suppe gewesen wären. Und als die Frau wieder in die Stube kam, fand sie die ganze Schüssel mit glänzenden Goldstücken angefüllt und wurde reich für ihr Leben.

Neben der armen Witwe wohnte eine reiche, geizige Nachbarin, die verwunderte sich sehr über den plötzlichen Reichtum der Frau und war nicht eher zufrieden, als bis sie erfahren hatte, wie sie zu dem vielen Gelde gekommen war. Als der Herr mit seinen Jüngern bald wieder durchs Dorf zog, wurde er von der geizigen Frau gebeten, auch bei ihr einzukehren. Sie hatte es aber nur auf die Goldstücke abgesehen und gab nichts aus Gnade und Barmherzigkeit, gedachte auch, ihren Reichtum nur noch größer zu machen als die Witwe, und nahm deshalb viel, viel Fett zu der Suppe.

Beim Abschiede sagte der Herr Jesus ebenso wie bei der Witwe, sie sollte so viele Goldstücke in der Schüssel finden, als Fettaugen darauf gewesen wären. Schnell ging sie hin und fand – einen einzigen Dukaten. Sie hatte nämlich so viel Fett genommen, daß sich nur ein einziges großes Auge auf der Suppe bilden konnte. Gern hätte sie es später anders gemacht; aber der Heiland kehrte nie wieder bei ihr ein.

Die zwei Frauen

Es gab eine Zeit, in der unser Herr und Heiland Jesus Christus noch unter den Menschen auf Erden wandelte, oft unerkannt und unbeachtet, so daß es ihm manchmal nicht zum besten ging. So kam er auch einmal in unsere Gegend und ging seiner Gewohnheit nach mit einigen seiner Jünger von einem Hause zum anderen, von einem Orte zum anderen als armer, bescheidener Mensch, das Wohlwollen der Menschen erflehend, um ihr Herz zu prüfen und um zu sehen, wie die Leute nach seinen Geboten sich richteten.

So gelangte er eines Abends in ein Dorf zu einem großen Bauernhofe, wo er schon von weitem die laute und keifende Stimme der Bäuerin hören konnte, die gerade mit der Großmagd schalt, weil diese irgend eine Kleinigkeit im Haushalte versehen hatte. Die Bäuerin war wohl reich, aber nichtsdestoweniger äußerst geizig und selbstsüchtig, keinem ein Stück Brot gönnend und nur auf ihren eigenen Vorteil bedacht.

Mit bescheidener Miene trat der Herr in die große Heketür und bat in eben derselben Weise die Bäuerin, sie möchte doch ihn und seine Begleiter über Nacht behalten und ihnen ein kleines Abendbrot und einen Morgen-

imbiß verabreichen. Damals gab es nämlich noch keine Wirtshäuser, wo man hätte übernachten können. Obschon der Herr Jesus noch gar nicht einmal gesagt hatte, daß die Bäuerin ihnen das Essen und das Nachtquartier umsonst geben möchte, fuhr sie dieselben doch so heftig an und übergoss sie förmlich mit einer solchen Flut ganz gemeiner Wörter, daß die Männer keinen Schritt weiter voran taten. Solch elendes Gesindel, meinte sie, das sollte doch lieber arbeiten, als anderen Leuten auf der Tasche zu liegen; solche Herumtreiber sollten Hand ans Werk legen und ihr Essen selber verdienen. Von dem ewigen Betteln würde ja der reichste Mann arm. Sie redete sich so in Wut hinein, daß sie drohte, den Hund loszulasen und das »Pack«, wie sie sagte, vom Hofe zu jagen.

Traurig kehrte der Herr Jesus um, sagte kein Wort mehr und ging, mißmutig über das Erfahrene, vom Hofe hinunter.

Neben dem großen Bauernhofe wohnte in einer ziemlich ärmlich aussehenden Hütte eine ältere Frau mit ihrer erwachsenen Tochter und fristete ihr kümmerliches Dasein. Der Herr sah das Haus und ging geradewegs darauf zu, trat hinein und brachte dasselbe Anliegen vor. Die alte Frau, die selber in ihrem langen Leben schon Bekümmernis genug erfahren hatte, konnte die Bitte nur zu gut verstehen und hatte in ihrem Herzen Mitleid mit den fremden Leuten, brachte es deshalb nicht übers Herz, sie wieder in die Winterkälte hinaus zu jagen, sondern sagte ja! und bat sie nur um Entschuldigung, da sie ihnen nicht viel bieten könne. Sie möchten darum mit wenigem fürlieb nehmen. Der Herr und seine Jünger waren zufrieden, die Frau räumte ihnen die Stube ein, befahl ihrer Tochter, anzutragen und ein Nachtlager zu bereiten, was die fremden Gäste dankend annahmen.

Als der Herr Jesus mit seinen Jüngern früh am anderen Morgen sich erhob, um weiter zu wandern, war auch die gute Frau schon auf und bei der Arbeit. Sie hatte schon ihr Morgensüppchen gekocht und war gerade dabei, mit der Elle ein Stück Leinen zu messen. Sie war nicht sehr reich an Leinenzeug, aber ihre Tochter wollte sich nächstens verheiraten, und so mußte sie alles genau berechnen, um die notwendige Aussteuer aus dem Vorrat an Leinen heraus zu bekommen.

Als aber der Herr Jesus und seine Jünger, welche sie natürlich nur für gewöhnliche Wanderer hielt, in die Stube traten, um sich zu bedanken für das Nachtlager, nötigte sie dieselben gleich an den sauberen Tisch, legte Schere und Elle fort und bediente ihre Gäste eifrig, sie bittend, mit dem Geringen, was ihr Tisch böte, sich zu begnügen. Nachdem sie gegessen hatten, machten sich die Männer auf den Weg, bedankten sich herzlich und gingen davon. An der Tür drehte sich der Herr noch einmal um und sagte, sie solle vielen Dank haben und das, was sie heute zum ersten beginnen würde, solle ihr recht gesegnet sein.

Die arme Frau begleitete sie freundlich bis zur Tür und ging dann schnell in die Stube zurück, ihre unterbrochene Tätigkeit wieder aufnehmend. Sie maß gerade, wieviel Ellen das Stück enthielt und maß und maß, und das Stück wollte kein Ende nehmen. Sie konnte immer weiter messen. Tische und Stühle waren schon voll, auf dem Fußboden türmten sich schon Berge von Linnen auf und immer konnte sie mehr messen und abschneiden. Jetzt begriff sie, was der fremde Herr gemeint hatte beim Abschied, als er sagte, das erste, was sie heute beginne, solle ihr gesegnet sein. Sie maß immer weiter und gelangte durch das viele Leinen zu einem ziemlichen Reichtum, so daß sie ein frohes und sorgenloses Alter vor sich hatte.

Die böse Bäuerin hatte sehr wohl bemerkt, daß die fremden Leute von ihrem Gehöfte aus zu der armen Nachbarin gegangen waren und paßte am anderen Morgen auf, wann sie fortgingen. Dann lief sie schnell herüber, denn sie war sehr neugierig und war schadenfroh, daß sie das Essen an den Männern gespart hatte.

Als sie nun an das Fenster der Nachbarin trat, um diese heraus zu rufen, sah sie, daß die ganze Stube voll von dem allerfeinsten Leinen lag, was sie sich nicht erklären konnte, da sie genau über den Vermögensstand der Nachbarin Bescheid wußte. Sie lief deshalb schnell in die Stube derselben und bestürmte sie mit Fragen, wie sie zu dem vielen Leinen käme, ob das vielleicht durch die fremden Männer verursacht sei und dergleichen mehr. Die arme Nachbarin erzählte ihr nun auch, was der fremde Mann beim Fortgange gesagt habe und wie die ganze Geschichte jetzt gekommen sei. Die geizige und habsüchtige Bäuerin war blau und grün vor Ärger, hätte gern den Segen für sich gehabt und verwünschte den vorhergehenden Abend, an dem sie wie gewöhnlich so hartherzig gewesen war. Sie sann auf ein Mittel, auch sich denselben Vorteil zu verschaffen und glaubte dies endlich auch gefunden zu haben. Sie erkundigte sich noch eifrig, nach welcher Richtung die Leute gezogen seien und ging eilig nach Hause, zog sich feiner an und machte sich sofort auf den Weg, hinter den Männern her.

Sie erreichte sie auch bald, entschuldigte sich tausendmal ob der ihnen angetanen Härte, sagte, es sei nicht so böse gemeint, sie sei erregt gewesen, habe eine hitzige Natur und suchte sich in ein möglichst gutes Licht zu stellen. Sie sagte auch, sie möchte es wieder gut machen, wenn die Männer ihr nur die Ehre erwiesen, auch bei ihr noch einmal vorzusprechen.

Als die Frau so bat, sagte der Herr Jesus, er käme des Abends wieder durch ihr Dorf und wolle nicht an ihrem Hause vorbeigehen. Erfreut eilte die Bäuerin heim, wirtschaftete und hantierte im Hause hin und her, daß bald alles glitzerte und glänzte, ließ die schönsten Speisen in großer Menge anfertigen und richtete alles aufs beste her. Am Abend wurden die Männer mit vieler Ehre empfangen, und es wurde ihnen alles vorgesetzt, was die Bäuerin nur hatte auftreiben können. Auch sagte sie, sie möchten nur fürlieb mit dem nehmen, was sie gebe und dergleichen mehr.

Man führte sie in ein Schlafzimmer mit hohen Betten, um ihnen zu zeigen, wie man sie ehre und richtete auch am Morgen den Imbiß aufs schönste her. Die Bäuerin war schon außerordentlich gespannt, ob der Herr auch ihr beim Abschied denselben Segen zukommen lassen würde und hatte schon ein Stück Leinen nebst Schere

und Elle bereit gelegt. Und richtig, als die Männer von der Bäuerin unter vielem Komplimentieren hinausgeführt wurden, drehte sich der Herr um und sagte auch ihr seinen Dank mit dem Hinzufügen, das erste, was sie beginne, solle gesegnet sein.

Auf das Wort hatte sie lange gewartet und eilte mit schnellen Schritten und hocherfreut ihrer Stube zu. Unterwegs aber dachte sie in ihrer Gier, sie wolle erst noch einen abgelegenen Ort aufsuchen und dort ein Geschäft verrichten, um nachher um so länger messen zu können. Gedacht, getan! Sie geht, aber die Sache will kein Ende erreichen, sie muß den ganzen Tag sitzen bleiben, derweil Elle und Schere in der Stube untätig bleiben. Jetzt sah sie ein, wie sie angeführt und in doppelter Weise bestraft war. Und dabei hatte sie noch den Spott und den Ärger dazu, daß sie sich in Grund und Boden hinein schämen mußte.

Beteuerte Unschuld

Vor vielen Jahren wurde einmal ein Unschuldiger hinge-richtet, weil er einen Mord begangen haben sollte. Er be-teuerte noch unter dem Galgen seine Unschuld mit den Worten, so gewiß ein verkehrt in den Boden gepflanztes Bäumchen Wurzeln schlage und wachse, so gewiß sei er unschuldig. Dann mußte er sterben.

Als man nun einen kleinen Baum unter dem Galgen mit der Krone in die Erde grub, so daß die Wurzeln oben waren, fingen diese wirklich an, Blätter zu treiben, und im Boden bildeten sich Wurzeln. Die Zweige hingen aber herunter, als sollten sie über das begangene Unrecht trau-ern. Daher soll auch die Trauerweide kommen. –

Einmal wurde auch ein Jüngling hingerichtet, weil er ei-nen Mord ausgeführt haben sollte. Er war aber in der Zeit bei seiner Liebsten gewesen, durfte das aber nicht sagen, um sie nicht zu verraten, denn es war eine Grafentochter. In Wirklichkeit war sein Nebenbuhler der Mörder gewe-sen, der sich freute, ihn beseitigt zu sehen. Der Jüngling wurde bald hingerichtet; seine Braut hatte nichts da-von erfahren. Auf dem Schaffot hatte er seine Unschuld nochmals beteuert und gesagt, so wahr ein Lindenzweig, verkehrt in den Boden gepflanzt, grüne und wachse, so wahr sei er unschuldig.

Sein Nebenbuhler, der auch anwesend war, suchte den Lindenzweig zwar zu zerbrechen, man pflanzte ihn aber doch verkehrt in die Erde, und siehe, im nächsten Früh-jahr schlug der Zweig aus, wuchs und bezeugte die Un-schuld des Gerichteten.

Nicht lange darnach entdeckte man den eigentlichen Mörder und richtete ihn an selbiger Stelle.

Der alte König

Der alte König war tot! Sein Haupt lag auf dem weißen Atlaskissen, seine Hände waren über dem roten Mantel gefaltet.

Der alte König war tot! Heute hatte man ihn in die Gruft seiner Väter neben der großen Kirche gebracht und seinen Sarg mitten hineingestellt unter alle, die dem Lande zum Wohl oder Wehe seit vielen Jahrhunderten des Reiches Krone getragen hatten.

Er ruhe sanft! sprach der Prediger, und dann hatten sie die Tür zu der Gruft verschlossen und waren nach Hause gegangen.

Er ruhe sanft! Bei diesen Worten dachte der alte König darüber nach, daß er eigentlich noch nie sanft geruht hatte, daß er die Ruhe gar nicht kannte. Seit wann nicht? So lange er lebte! Als er geboren war, hatten sie ihm zu Ehren 101 mal eine Kanone abgeschossen, und der dumpfe Ton war durch die seidenen Vorhänge der goldenen Wiege gedrungen, bis das Königskind leise aufweinte. Das war der Anfang gewesen, der Anfang eines Lebens, das man heute mit Rauschen der Lorbeerkränze, Klirren der Orden, mit Musik und Salven in die Gruft getragen hatte. Und zwischen Anfang und Ende – hatte er da Ruhe gehabt?

An seinem Schreibtisch entschied sich das Geschick, ja vielleicht das Leben von Tausenden. Seine Worte beglückten, hoben, kränkten, zermalmten. Seine Feste regierte der Hofzwang, seine Reisen verfolgte die Neugier, seinen Schlaf störten die auf- und abziehenden Wachen, in seine Krankheit, in seine Fieberträume drängte sich das Unvollendete – ja, hatte er denn je ruhen können? Ruhen wie der Arbeiter am Feldrain, tief, traumlos, wunschlos? Niemals – er war ja immer König gewesen.

Wie grenzenlos müde er war! Was hatte der Prediger gesagt? Er ruhe sanft! Wie schön das klang! Aber vom Kirchplatz hörte er die Wagen rasseln, Schritte, Stimmen, hier gab es noch noch keine Ruhe für ihn. Hier durfte er noch nicht bleiben, er nicht, vielleicht sein Gewand, die bleichen Hände, das weiße Haar, seine alten Glieder. Später einmal. Jetzt drängte etwas in ihm aufwärts – empor! Das Dach der Gruft weitete sich, der Luft gleich entwich es, der alte König stieg hinauf, höher, immer höher, bis er vor der Himmelspforte stand.

»Wer bist du?« fragte Petrus und stellte sich mit dem Rücken gegen die Tür, also daß auch das feinste Ritzchen unsichtbar wurde.

»Ich bin der König!«

»Hm!« sagte Petrus nur, ohne im geringsten zusammenzuknicken, denn er hatte in fast zweitausend Jahren zu viele Könige an sich vorüberwandern sehen, Könige im Prunke und im Pilgerkleide, Könige mit einem Schuß im Herzen, Verrätergift in ihrem Blute, Könige sogar, die wohl eine Krone aber kein Haupt mehr hatten.

»Und was willst du?«

»Hinein in die ewige Ruhe! Ausruhen will ich, nur ruhen!«

»Das hat schon manch einer gewollt« sagte Petrus.

»Will jemand etwas anderes, der hier steht?«

»O ja, leben!«

»Leben?«

»Gewiß, eine ganze Menge! Überleg dir mal, wie viele da unten, auch in deinem Reich, o König, denn eigentlich leben – frei, groß, tätig, froh. Die alle erbitten sich's dann, und wenn's geht, gibt's ihnen mein Herr.«

Hier wandte Petrus sich der Schar derer zu, die inzwischen vor der Himmelstür angekommen waren.

»Was willst du? Und du, und du?«

Der König hörte zu.

»Die Meinen wiedersehen, die bei Gott sind! Mein Erdentag war ein einziges Sehnen!«

»Nur nicht ganz ruhen! Leben, frohe Arbeit!«.

»Meinen Meister will ich sehen, dem ich gedient habe!«

so klang es um ihn her.

Da berührte eine Hand des Königs Schulter. Vor ihm stand ein leichter Engel im weißen Kleide, ein goldenes Schwert an der Seite, der Engel des Gerichts! Da versank dem König das Himmelstor, der Türhüter und die Schar der Pilger – er war allein mit dem Engel.

»Petrus sagt mir, daß dein Wunsch sei, ausruhen zu dürfen!«

»Ja« antwortete der König und neigte sich.

»Womit hast du verdient, einzugehen zur Ruhe?«

»Ich war König über ein großes Land, mein Leben war eine Kette von Arbeit und Mühe für mein Volk.«

»Gut«, sprach der Engel, »so wird es dir nicht schwer fallen, mir e i n e Tat deines Lebens zu nennen, bei der dein eigenes Ich in den Hintergrund trat, die selbstlos war. Eine Tat um anderer willen, nicht für dich!«

Der König dachte nach! Wie oft hatte man ihn Wohltäter, Menschenfreund genannt, seiner Handlungen in den Zeitungen lobpreisend gedacht. Vieles schied er sofort aus, doch blieb ihm noch genug über, so daß er frei den Blick erhob und sprach:

»Ich ergriff – ein junger, feuriger Mann noch – die Waffen um unseres allerheiligsten Glaubens willen. Ich zog meinem Heer voran und besiegte den Feind!«

»Und nahmest ihm sein Land um des Glaubens willen. Rede davon nicht! Für uns hier oben war dein Kampf wertlos!«

»Ich liebte mein Volk, ihm widmete ich meine Kraft, und vielgeliebt nannten sie mich!«

»Du liebtest dein Volk? Mißbrauche nicht das edle Wort! Du beherrschtest deine Untertanen, und wenn du spendetest bei herber Not, trieb dich Pflicht, nicht Liebe. Wo sind die stillen Tränen, die du trocknetest, als nur Gott dich sah? Wo sind die Schritte, die dich unerkannt zu den Ärmsten führten? Wo sind die Gesetze zum Wohle der Geringsten, die man dir nicht abgepreßt hätte? Was hast du für einen einzigen Untertan geopfert? Nichts! Du hast gegeben, und was du gabst, wurde weit und breit verkündet, um deinen Ruhm zu mehren. Hier oben war deine Liebe wertlos!«

151

»Ich liebte mein Weib, meinen Sohn, meine Tochter! –
Ihnen weihte ich die wenigen Stunden meiner Muße.
Die Erziehung meines Sohnes zu allem Guten war mein
höchstes Ziel!«

»Du setztest die Krone auf deines Weibes Haupt! Ihr
Herr warest du, aber nicht ihr Gefährte. Darbend, frie-
rend, hungernd schritt sie in Pracht an deiner Seite. Deine Tochter mußte der heißen, tiefen, jahrelangen Liebe
ihres Herzens entsagen, weil der Geliebte keine Königs-
krone trug. Sieh sie an der Seite des verhaßten Gemahls
und sage mir nicht, daß du sie liebtest!«

»Mein Sohn!« rief der König, und seine Stimme bebte.
»O du, der alles weiß, weißt auch die Wonne, mit der ich
ihn bei seiner Geburt an mein Herz drückte!«

»Ja!« sprach, der Engel, »wohl warest du stolz und glücklich, als dir der Erbe geboren war und du den Neffen nicht
mehr Thronfolger zu nennen hattest. Gnadenerlasse und

Orden wurden ausgeschüttet über dein Volk. Die berühmtesten Lehrer unterrichteten ihn, und sein Weib wähltest du ihm aus königlichem Stamme. Du wähltest es ihm, nicht er. Und als er großjährig war und seine Kraft betätigen wollte, wer zwang ihn, sie zu vertändeln? Du, der ihn zu lieben vorgab. Du seufztest unter der Last deines Amtes, aber anstatt seine jungen Schultern zu stärken, ihn vorzubereiten, stießest du ihn rauh zurück. Was jeder Landmann seinem Sohne gönnt, das Arbeiten auf der väterlichen Scholle, ihm gewährtest du es nicht, denn du sahest den Nachfolger in ihm! Eifersüchtig bewacht, gebunden trotz scheinbarer Freiheit, lebte er in seinem prächtigen Schlosse und beneidete des Gärtners Sohn, der Schulter an Schulter mit dem Vater vor den Bäumen stand, dessen Arm geleitet wurde von der sicheren Hand des Meisters. Hier oben reicht dein Tun nicht aus! Sinne weiter!«

Der König schwieg. Totenstille herrschte rings umher, und des Engels große, klare Augen ruhten mitleidvoll auf dem müden Antlitz des Herrschers.

Plötzlich horchte der König auf. Von weit her drang ein Ton an sein Ohr, ein leiser, feiner Klang.

»Das ist meines Sohnes Stimme!« rief der König und lauschte.

»Mein Vater«, klang es herauf aus der Königsgruft, »mein Vater, ich nahe deinem Sarge in meiner Not! Du ließest mir die Krone, sie lastet auf meinem Haupte, aber wie soll ich dieses große Volk regieren? Ich liebe es, mein Leben möchte ich daran setzen, es glücklich zu machen – aber mir fehlt ja alles! Nicht nur Erfahrung, nein, Kenntnis, Weisheit, Einsicht! O hätte ich mehr dein Sohn sein dürfen! Du, Vater, König, der du am Quell der Weisheit bist, kannst du mir nicht helfen, daß mein Herz fest werde und weich bleibe? Vater, König, hilf mir!«

Die Stimme schwieg. Da hob der König seine Hände und schaute den Engel flehend an.

»Ich bin müde, o so müde, aber achte nicht auf meine frühere Bitte um Ruhe, ich will sie nicht wiederholen! Ich will hier draußen stehen bleiben, hilf ihm, hilf ihm, daß er das Volk, das er liebt, wohl regiere!«

Da lächelte der Engel zum ersten Male und sprach: »Wer so fleht, wie der junge König da unten, dem ist schon geholfen. Und du komm mit mir, die Bedingung ist erfüllt! Komm und schaue Gottes Angesicht und dann gehe ein zur seligen Ruhe!«

Quellen und Autoren

Jakob Grimm, geb. am 4.1.1785 in Hanau, gest. am 20.9.1863 in Berlin. *Wilhelm Grimm,* geb. am 24.2.1786 in Hanau, gest. am 16.12.1859 in Berlin.

Die Gebrüder Grimm gelten als Begründer der deutschen Philologie und Altertumswissenschaften. Als Professoren in Göttingen gehörten sie 1837 zu den »Göttinger Sieben«. Gemeinsam schufen sie ab 1854 das »Deutsche Wörterbuch«. Ihre bekanntesten Werke sind daneben die »Deutschen Sagen« (1816-1818) und vor allem die »Kinder- und Hausmärchen«, denen die aus Lippe und dem Paderbornschen überlieferten Märchen dieses Bandes entnommen sind.

Der erste Band der Grimmschen Märchen ist erstmals im Jahre 1812 mit 86 Märchen veröffentlicht worden, ihm folgte bereits 1815 der zweite Band mit weiteren 70 Märchen. Das Werk erlebte allein zu Lebzeiten der Brüder Grimm 17 Auflagen. Im Jahre 1907 erschien eine Jubiläumsausgabe der Märchen mit Zeichnungen von Otto Ubbelohde. Großer Beliebtheit erfreute sich die von Ludwig Richter illustrierte Gesamtausgabe der Märchen in einem Band.

Die ersten zehn Märchen dieser Ausgabe haben bereits Aufnahme in Karl Wehrhans Sammlung »Alte und neue Märchen aus dem Teutoburger Walde und seiner Umgebung« aus dem Jahre 1923 gefunden. Sie wurden – bis auf einige wenige Rechtschreibkorrekturen – auch in ihrer Reihenfolge unverändert in diese Ausgabe übernommen und um fünf weitere aus dem Paderbornschen stammende Märchen ergänzt

Luise Koppen, geb. am 11.6.1855 in Berleburg (Sauerland), gest. im Januar 1923 in Berlin. Luise Koppen übersiedelte 1857 mit ihrer Familie nach Detmold. Sie war nach ihrem Studium in Elberfeld fast 25 Jahre als Lehrerin an der Höheren Töchterschule in Detmold tätig.

Ab 1898 freie Schriftstellerin mit großen Erfolgen als Kinderbuchautorin, z.B. »Das Dorli« (1898) oder »Bubi« (1912). 1910 Umzug nach Berlin, Redakteurin der Zeitschrift »Da-

heim« und Herausgeberin der Zeitschriften »Die deutsche Frau« und »Frauenerwerb«. Neben Kinderbüchern veröffentlichte Koppen auch Biographien, z. B. »Katharina von Bora« (1917) und Erzählungen für Erwachsene, u. a. »Kinderleben in einer kleinen Residenz« (1922), das 2006 als Band 1 der »Bibliothek Lippischer Klassiker neu aufgelegt wurde.
Das hier abgedruckte Märchen erschien erstmals im »Fürstlich-Lippischen Kalender« aus dem Jahre 1908.

Heinrich Mühlenweg wurde 1872 in Heepen bei Bielefeld geboren. Sein Todesdatum konnte nicht ermittelt werden.
Mühlenweg ist Verfasser zahlreicher geschichtlicher und heimatgeschichtlicher Werke. Im Jahre 1923 veröffentlichte er eine kleine Sammlung von »Westdeutschen Volksmärchen«.
Sein Kunstmärchen vom »Bachmännlein« ist bereits in der ersten Auflage von Karl Wehrhans Sammlung »Alte und neue Märchen aus dem Teutoburger Walde und seiner Umgebung« erschienen.

Karl Wehrhan, geb. am 21.7.1871 in Heidenoldendorf bei Detmold, gest. am 31.8.1938 in Frankfurt/M.
Nach dem Besuch der Volksschule besuchte Wehrhan von 1888 bis 1891 das Detmolder Lehrerseminar. Von 1891 bis 1899 war er Lehrer in Blomberg, ab 1907 Mittelschullehrer in Frankfurt/M. Seit 1926 war er Leiter der dortigen Jugendrundfunkstelle. Wehrhan war Mitbegründer des »Vereins für rheinische und westfälische Volkskunde«. Er publizierte über nahezu alle Bereiche des lippischen Lebens.
Besonders bekannt sind neben seinen Sammlungen lippischer Sagen sein Buch »Kinderlied und Kinderspiel« (1909). Sein Sammelband »Alte und neue Märchen aus dem Teutoburger Walde und seiner Umgebung« erschien 1923 in der Reihe »Heimatbücher für Schule und Haus«. Die Kunstmärchen »Frieder«, »Das Sonntagskind«, »Die Dukaten in der Suppe« sowie »Das schwarze und das weiße Haus« sind neben den Volksmärchen der Brüder Grimm und zwei Kunstmärchen von August Wiemann und Heinrich Mühlenweg in diesem Band erschienen.

Die ebenfalls aus Wehrhans Feder stammenden märchenhaften Geschichten» Die zwei Frauen« und »Beteuerte Unschuld« sind dem »Fürstlich-Lippischen Kalender« des Jahres 1910 entnommen.

August Wiemann, geb. am 25.5.1884 in Hörste, gest. am 12.4.1951 in Detmold.
Wiemann war Volksschullehrer an verschiedenen Schulen in Lippe. Er veröffentlichte Erzählungen, z. B. »Aus stillen Winkeln« (1922) und »Heimatliche Bilder aus dem Ilsetal« (1920) sowie Kalendergeschichten und Zeitungsartikel. Zu seinen bekanntesten Werken gehört die gemeinsam mit Heinrich Schwanold herausgegebene Sammlung »Aus Niedersachsens Sagenborn« aus dem Jahre 1922.
Sein Kunstmärchen »Der Bauernjunge mit der Flinte« hat bereits Aufnahme in die erste Auflage der »Alten und neuen Märchen aus dem Teutoburger Walde und seiner Umgebung« gefunden.

In jenen Fällen, in denen es nicht möglich war, den Rechtsinhaber resp. Rechtsnachfolger zu eruieren, konnte ausnahmsweise keine Nachdruckerlaubnis eingeholt werden. Honoraransprüche der Autoren oder ihrer Erben bleiben gewahrt.

Literaturverzeichnis

Bolte, Johannes/Polivka, Georg (Hrsg.): Anmerkungen zu den Kinder- und Hausmärchen der Brüder Grimm, Dritter Band, Leipzig 1918.

Grimm, Jakob und Wilhelm (Hrsg.): Kinder- und Hausmärchen gesammelt durch die Brüder Grimm in drei Bänden. Zeichnungen von Otto Ubbelohde, Marburg 1922.

Grimm, Jakob und Wilhelm: Kinder- und Hausmärchen der Brüder Grimm. Gesamtausgabe mit 90 Bildern von Ludwig Richter. Sonderausgabe für Bücherhaus Walter Krieg, Berlin o.J.

Grimm, Jakob und Wilhelm (Hrsg.): Die Kinder und Hausmärchen der Brüder Grimm. In ihrer Urgestalt herausgegeben von Friedrich Danzer. 2 Teile, Hamburg-Bergedorf 1948.

Hanke, Hennak: Karl Wehrhan. Lehrer und Forscher, in: Heimatland Lippe, 60. Jg. (1967), S. 104-108.

Koppen, Luise: Der alte König, in: Fürstlich-Lippischer Kalender nach dem verbesserten Stil auf das Jahr 1908, S. 137-138.

Weber-Kellermann, Ingeborg: Vorwort, in: Kinder- und Hausmärchen gesammelt durch die Brüder Grimm in drei Bänden. Mit Zeichnungen von Otto Ubbelohde, Band 1, Frankfurt/M. 1984, S. 9-18.

Wehrhan, Karl: Märchenhafte Geschichten, in: Fürstlich-Lippischer Kalender nach dem verbesserten Stil auf das Jahr 1910, S. 112-114.

Wehrhan, Karl: Der Anteil Lippes und seiner Nachbarschaft an den Kinder- und Hausmärchen der Brüder Grimm, in: Lippische Landes-Zeitung, Jg. 157 (1923). Nr. 124-125 vom 31. Mai bis 1. Juni.

Wehrhan, Karl (Hrsg.): Alte und neue Märchen aus dem Teutoburger Walde und seiner Umgebung (= Heimatbücher für Schule und Haus, Heft 3), Detmold 1923.